MANUAL
DE

HERMENÉUTICA PRÁCTICA

PERO, ¿ENTIENDES LO QUE LEES?

AYUDÁNDOTE A COMPRENDER LA BIBLIA

Luis M. Contreras

Editorial **CLIE**

EDITORIAL CLIE
C/ Ferrocarril, 8
08232 VILADECAVALLS
(Barcelona) ESPAÑA
E-mail: clie@clie.es
http://www.clie.es

CLIE

MANUAL DE HERMENÉUTICA PRÁCTICA. PERO, ¿ENTIENDES LO QUE LEES?
ISBN: 978-84-19779-30-4
Depósito legal: B 19856-2024
Estudios bíblicos
Exégesis y hermenéutica
REL006400

Impreso en Estados Unidos de América / *Printed in the United States of America*

25 26 27 28 29 /TRM/ 9 8 7 6 5 4 3 2 1

Acerca del autor

LUIS es egresado de The Master´s University and Seminary (B.S., M.Div., Th.M., D.Min.), fue ordenado y enviado por Grace Community Church (GCC) como misionero a la Ciudad de México, donde sirvió como profesor en el Seminario Bíblico Palabra de Gracia (una escuela de The Master´s Academy International (TMAI)) y como pastor-maestro de la Iglesia Cristiana de la Gracia. Ha trabajado en traducción al español para Grace To You desde 1996 y ayudó a traducir la Biblia de estudio MacArthur al español. Es co-pastor del grupo de comunión de habla hispana en GCC y sirve a los misioneros de GCC, con un enfoque en Iberoamérica. Es profesor adjunto de The Master´s Seminary en Español, el Seminario para la Predicación Expositiva (TMAI, Honduras) y el Seminario Berea (TMAI, España). Está casado con Robin y tienen 3 hijos: Olivia, Rodrigo y Ana.

Índice

Introducción

"Pero, ¿entiendes lo que lees?" (Hechos 8:30). Esa fue la pregunta que Felipe le hizo al eunuco etíope, para saber si entendía lo que estaba leyendo en el libro de Isaías. Y en el versículo 31, el eunuco le respondió a Felipe con estas palabras: "¿Y cómo podré, si alguno no me enseñare? Y rogó a Felipe que subiese y se sentara con él".

¿Por qué no podía entender el eunuco la Palabra de Dios? Desde el punto de vista humano, como cristianos, es por la misma razón por la que nosotros no entendemos correctamente la Biblia cuando simplemente la leémos. ¿Cuál es la razón? El eunuco leyó ese pasaje de Isaías unos 700 años después de que el profeta escribió su libro. Y así como el Eunuco con Isaías, nosotros estamos a miles de años de distancia de la audiencia original, a la que el Espíritu Santo le escribió los diferentes libros de la Biblia usando a autores diferentes.

Ahora, es importante aclarar que la lectura de la Palabra de Dios es indispensable para entenderla, pero no es suficiente para comprenderla. ¿Por qué? Porque necesitas averiguar lo que el autor original quería que conociera la audiencia original. Ciertamente hay pasajes más fáciles de entender que otros (cp. 2 P. 3:16), pero para comprender la Palabra de Dios, no solo debes leerla, sino estudiar el momento histórico en el que se escribió el texto que estás estudiando. Necesitas reconocer qué significaban las palabras que usó el autor original para la audiencia original. Y para saber esto, necesitas usar libros que te ayuden a saber como cristiano lo que el Espíritu Santo quiso decirle a la audiencia original. Y el Espíritu Santo te ayuda a entender usando instrumentos humanos, tanto vivos como Felipe o predicadores de esa época, como también otros maestros o predicadores que ya están en el cielo, pero sus escritos te ayudan a comprender correctamente el texto bíblico.

En este libro quiero tomar el lugar de Felipe, en un sentido, y ayudarte a entender la Palabra de Dios. Pero no solo al explicarte un pasaje, sino al explicarte qué principios, qué proceso debes seguir, para conocer correctamente la Palabra de Dios y aplicarla a tu vida. Y como alumno de seminario, pastor o cristiano en general, este libro puede ayudarte a cultivar y desarrollar hábitos de estudio bíblico, para que entiendas y obedezcas la Palabra de Dios para honrar al Señor y ayudes a otros eunucos etíopes que quieren entender las Escrituras pero necesitan que alguien les diga cómo hacerlo.

Este manual tiene tres características que lo distinguen de otros libros de hermenéutica. En primer lugar, contiene exposiciones de varios textos bíblicos que no solo ilustran lo que se explica, sino que demuestran la base bíblica del modelo hermenéutico que se presenta. En otras palabras, hay un énfasis fuerte en demostrar exegética y teológicamente por qué la hermenéutica literal, gramático-histórica, que busca discernir la intención autoral, es la única hermenéutica que establece la base para identificar la interpretación correcta de las Escrituras.

En segundo lugar, incluye un capítulo que explica a detalle la función del Espíritu Santo en la hermenéutica. Estoy convencido de que el ministerio del Espíritu Santo al hacernos entender su palabra es una de las áreas más ignoradas y mal entendidas de la interpretación bíblica, que es la razón de muchos errores de hermenéuticos.

Y en tercer lugar, el énfasis distintivo de este libro es que su contenido sea lo más fácil de comprender y aplicar. Y para cumplir con este objetivo, el libro está dividido en 9 capítulos diferentes. Los capítulos 1 al 7 han sido tomados del primer libro de esta serie de manuales publicados por Editorial CLIE [*Manual de predicación expositiva: Recuerda lo que has aprendido*]. Este libro profundiza en ciertas áreas esenciales de lo que explicamos acerca de la hermenéutica en el primer manual. Después de explicarte lo que es la hermenéutica en el capítulo 1, explicaremos los requisitos para estudiar la Biblia en el capítulo 2. En el capítulo 3 exploraremos en cierta profundidad, la función del Espíritu Santo en la hermenéutica. En el capítulo 4 veremos varias presuposiciones que necesitamos asimilar, antes de entrar a los capítulos 5, 6 y 7, en donde veremos los principios de la hermenéutica. Al llegar al capítulo 8 consideraremos varios errores comunes que debemos evitar en la interpretación de las Escrituras, que nos van a ayudar a interpretar correctamente el texto bíblico. Finalmente, en el capítulo 9 detallaremos cómo identificar implicaciones prácticas en el texto estudiado, para aplicarlo a nuestra vida.

Este manual está constituido por proyectos y notas de clase que tomé y enseñé a lo largo de, más de, veinte años.

Capítulo I
Introducción al estudio de la hermenéutica

En este capítulo de introducción, vamos a concentrarnos en cuatro áreas de introducción a la hermenéutica: la definifición, la importancia, las categorías y las escuelas históricas de la hermenéutica.

La definición de la hermenéutica

La palabra "hermenéutica" viene de la palabra griega ἑρμηνεύω, que significa "ayudar a alguien a entender un tema o asunto al hacerlo claro, explicar, interpretar".[1] Una forma de la palabra es usada en el N. T., διερμηνεύω, la cual significa traducir, explicar, interpretar (en el sentido de traducir, Hch. 9:36; en el sentido de interpretar, explicar, Lc. 24:27; 1 Co. 12:30; 14:5, 13, 27).[2]

La hermenéutica bíblica "es una aplicación especial de la ciencia general de la lingüística y el significado...[es] la ciencia de la interpretación correcta de la Biblia".[3] "Es una ciencia porque es guiada por reglas dentro de un sistema".[4] La hermenéutica es diferente de la exégesis porque la hermenéutica es un conjunto de principios y la exégesis es la implementación de la hermenéutica, con la meta de comprender la verdadera intención del autor.[5] La hermenéutica es indispensable para asimilar

---

[1]   Danker, Frederick William, ed. *The Greek-English Lexicon of the New Testament and Other Early Christian Literature*. 3rd ed. (BDAG) (Chicago: The University of Chicago Press, 2000), 244.

[2]   Ibid, 244.

[3]   Bernard Ramm, *Protestant Biblical Interpretation* (Grand Rapids: Baker, 1970), 11.

[4]   Ibid, 1.

[5]   Robert L. Thomas, *Evangelical Hermeneutics: The New Versus the Old* (Grand Rapids: Kregel Publications, 2002), 27. Ver también: Walter C. Kaiser Jr., *Toward an Exegeti-*

correctamente lo que Dios escribió en su palabra (ver el capítulo 3 para una explicación de por qué hay un solo significado correcto de las Escrituras).[6]

La importancia de la hermenéutica

La hermenéutica es necesaria para entender correctamente el significado de la Palabra de Dios y obedecerla.[7] ¿Hay algo que sea más importante que entender y obedecer la Palabra de Dios? No, porque

> ...en última instancia, [la hermenéutica] moldea cómo vivimos y si agradamos o no a Dios. ¿Qué está en juego cuando estudiamos la hermenéutica? En pocas palabras, toda nuestra vida y nuestro ministerio cristianos.[8]

La Palabra de Dios es clara en demostrar que lo que más le preocupa al Señor, es interpretar correctamente su palabra, para obedecerla. Esto lo vemos a lo largo de las Escrituras. Por ejemplo, en Segunda de Pedro 3:16 vemos un pasaje que demuestra la importancia de la hermenéutica. Pedro menciona algunas cosas difíciles de comprender en las epístolas de Pablo. Y Pedro señala que el problema es tomar esas cosas difíciles y torcerlas, como dice el final del versículo 16: "las cuales los indoctos [o ignorantes] e inconstantes [estos son los inestables de 2 P. 2:14, los que son como los falsos maestros, los que viven controlados por sus deseos pecaminosos] tuercen [esto significa, distorsionar una afirmación, de tal manera que terminas con un significado falso], como también las otras Escrituras, para su propia perdición [esta palabra se refiere a castigo eterno en el infierno]". Observen lo serio que fue el pecado de estos hombres: terminaron en el infierno por torcer las Escrituras, para apoyar su pecado. Así de serio es no interpretar correctamente las Escrituras. Así de importante es es la hermenéutica.

---

cal Theology: Biblical Exegesis for Preaching and Teaching (Grand Rapids: Baker Books, 1981), 47.

[6] Ibid, 7.

[7] Robert L. Thomas en John MacArthur y la Facultad del Master´s Seminary, La predicación: Cómo predicar bíblicamente (Nashville: Grupo Nelson, 2009), 171.

[8] Abner Chou, La hermenéutica de los escritores bíblicos: Los profetas y los apóstoles nos enseñan a interpretar las Escrituras (Grand Rapids: Editorial Portavoz, 2019), 13.

Las categorías de la hermenéutica[9]

Dentro de la hermenéutica tenemos dos categorías primordiales. En primer lugar, la hermenéutica general, la cual trata con las reglas de interpretación relacionadas con la Biblia en general. Y en segundo lugar, la hermenéutica especial, la cual se concentra en las reglas de interpretación relacionadas con tipos de literatura bíblica específica, tales como profecía, poesía, etc.

La hermenéutica protestante (no católica) da por sentado que estamos estudiando el (canon) protestante conformado por 66 libros. Estos libros que conforman dicho canon, tienen un contexto histórico determinado por la crítica histórica y el texto de esos libros ha sido afirmado por la crítica textual.

Las escuelas históricas de hermenéutica

A manera de panorama histórico breve, vamos a ver varias escuelas de interpretación. El beneficio de esta sección es ayudarnos a identificar y evitar errores hermenéuticos que se han cometido a lo largo de la historia.

Al mismo tiempo, también veremos el legado histórico de escuelas que enseñaron y practicaron principios sanos de hermenéutica.

I. Escuelas alegóricas

La interpretación alegórica enseña que detrás de la letra o lo obvio se encuentra el verdadero significado del pasaje.

A. Alegorismo griego

Los griegos tuvieron un legado religioso en Homero y Hesiodo. Pero también tuvieron un legado filosófico e histórico en hombres como Thales, Herodoto y otros.

Para el griego, su "Biblia" eran los escritos de Homero y Hesiodo. Y cuestionarlos o dudarlos era considerado algo ateo o no religioso. Pero su legado filosófico e histórico dio lugar a principios de lógica, crítica,

---

[9] Esta sección y la siguiente, de las escuelas históricas, están tomadas y adaptadas de Bernard Ramm, *Protestant Biblical Interpretation* (Grand Rapids: Baker, 1970), 23, 35-81.

ética, religión y ciencia. Y obviamente este legado filosófico e histórico no podia aceptar muchos elementos religiosos que veía como absurdos. ¿Cómo resolvió "el problema"? Alegorizó el legado religioso. Y lo hizo de la siguiente manera: las historias de los dioses y los escritos de los poetas no lo entendió literalmente. Más bien, encontró el significado secreto o verdadero detrás de las palabras literales.

Como incrédulos, a los griegos no les interesaba entender la Palabra de Dios, sino sus escritos. Pero el método de interpretación alegórica que aplicaron a sus escritos, influenció a los judíos y a los cristianos. Y esta tradición de alegorizar entre los griegos se esparció a Alejandría, en donde había una gran población judía y más tarde cristiana.

B. Alegorismo judío

¿Cómo podían los judíos que vivían en Alejandría aferrarse al A. T. y a la tradición filosófica griega (especialmente a Platón)? De la misma manera que los griegos alegorizaron la Palabra de Dios.

Esto fue lo que hicieron hombres como Aristóbulo (160 a.C.). Él dijo, por ejemplo, que mediante el método alegórico, la enseñanza de la filosofía griega podia ser encontrada en Moisés y los profetas.

Filón (ca. 20 a.C.-54 d.C.) fue un alegorista judío muy famoso. Él pensaba que el sentido literal era el cuerpo de las Escrituras y el sentido alegórico el alma de las Escrituras. También creía que el método literal mostraba un nivel de entendimiento pero el alegórico mostraba un nivel maduro.

C. Alegorismo cristiano y patrístico

El sistema alegórico que los griegos y los judíos de Alejandría usaron, fue adoptado por la iglesia cristiana y dominó la mayoría de la exégesis hasta la Reforma. La Biblia de Cristo y los apóstoles y de los primeros líderes de la iglesia fue el A. T. en su traducción griega (LXX, la Septuaginta). Esto lo vemos por ejemplo, en Hebreos cuando cita la LXX.

La primera iglesia veía el A. T. como un documento cristiano. Esto los llevó a hacer del A. T. un documento en donde buscaban las verdades del evangelio en el A. T., a expensas de la intención del autor original en su contexto histórico. Pero cuando la Biblia es tratada de manera alegórica, se convierte en plastilina en las manos del exegeta. Podemos citar algunos ejemplos de esto:

1. Clemente de Alejandría encontró cinco significados posibles en un pasaje de las Escrituras.

2. Orígenes quiso eliminar lo que parecía absurdo o contradictorio y hacer de las Escrituras aceptables para los que pensaban filosóficamente.

3. Jerónimo teóricamente tuvo principios sanos, pero prácticamente alegorizaba.

4. Agustín pensaba que el verdadero significado de la Biblia era espiritual o alegórico y que la interpretación literal mata (malinterpretando 2 Co 3:6).

D. Alegorismo católico

Durante la Edad Media, la alegoría fue lo que prevaleció en el catolicismo. Pero la hermenéutica católica de esa época fue determinada por ocho factores, que nos ayudan a entender la razón de muchas creencias y prácticas no bíblicas del catolicismo. Y más allá de eso, ennumerar estos ocho factores, cumplen el propósito de ilustrar la necesidad apremiante de comprender y aplicar correctamente una hermenéutica correcta para no caer en maneras de pensar y actuar que contradicen las Escrituras. En un sentido, estos ocho factores son una especie de introducción general, a manera de contraste, a las presuposiciones y principios de interpretación que veremos en los capítulos 3 y 4. La siguiente lista presenta cada uno de estos ocho factores, seguidos de una evaluación breve, a la luz de las presuposiciones y los principios de hermenéutica que veremos en los capítulos 3 y 4.

1. La Vulgata latina (que incluye los libros apócrifos) es la version official para discursos públicos, disputas, sermones y exposiciones.

   Pero partir de una traducción, en lugar de los idiomas originales, para apoyar o refutar un asunto doctrinal, es la receta para el error. ¿Por qué? Porque pierdes la exactitud, los matices y precisión de los idiomas en los que el Señor inspiró su palabra. Y como el catolicismo romano lo demuestra, esto inevitablemente termina en errores de interpretación.

2. El intérprete católico obedece lo que la iglesia católica ha dicho acerca de asuntos de introducción bíblica.

   Esto es muy diferente de la práctica de acudir a fuentes objetivas, confiables, verificables, que provean datos sólidos exactos, del contexto histórico y de la ciencia de la crítica textual.

3. El intérprete católico acepta la interpretación de los versículos que la iglesia católica ha interpretado oficialmente. No más de 20 han sido interpretados oficialmente. Claro que más de 20 han sido interpretados (como se ve en sus documentos oficiales) pero normalmente no se presenta una interpretación official, a menos de que el versículo sea considerado polémico.

   Esta práctica choca de manera frontal con lo que las Escrituras enseñan acerca de interpretar y enseñar toda la Palabra, no solo ciertas secciones. Esto no es enseñar todo el consejo de Dios (Hch 20:27). Esto no es predicar la Palabra (2 Ti. 4:2) en su totalidad.

4. El fundamento del estudio de la Biblia es la interpretación literal e histórica.

   El problema con esta práctica, es que esa interpretación puede estar equivocada, a luz de una hermenéutica literal, gramatico-histórica, que busca entender la intención del autor original, no lo que alguien en la historia dijo o lo que parece que el texto dice en su sentido literal.

5. Las Escrituras poseen un significado espiritual o místico que va más allá del literal.

   Esto abre la puerta a un subjetivismo que no puede ser evaluado ni refrenado ni controlado. A menos claro, de que la autoridad para evaluarlo y controlarlo, sea establecida por el catolicismo mismo (ve el siguiente punto).

6. La iglesia católica es el intérprete official de las Escrituras. El catolicismo considera que la Biblia es cuidada por la iglesia católica. También considera que la Biblia es oscura y necesita un intérprete oficial. Ningún pasaje de las Escrituras puede ser interpretado para entrar en conflicto con la doctrina católica.

   Esto coloca a la iglesia católica por encima de la autoridad de las Escrituras, en lugar de que la iglesia católica se coloque por debajo de la autoridad de las Escrituras.

7. Los padres (los primeros líderes de la iglesia) deben ser una guía en la interpretación, siempre y cuando interpreten asuntos de fe y moral, den testimonio de la tradición católica y que tengan un testimonio unánime.

   Al igual que en el punto anterior, esto vuelve a mostrar que las Escrituras no son la autoridad definitiva para el catolicismo romano y, por ende, es un sistema religioso que se caracteriza por creencias y conductas que no están basadas en una interpretación basada en una hermenéutica literal, gramático-histórica.

8. La enseñanza oscura y parcial de las Escrituras debe ser explicada mediante la enseñanza más completa en la tradición no escrita de la iglesia. El catolicismo romano cree que tiene dos fuentes de revelación que se interpretan mutuamente: las Escrituras y la tradición no escrita.

En un sentido, este punto revela uno de los problemas más graves que afectan la hermenéutica católica. La tradición está es colocada al mismo nivel de autoridad que las Escrituras.

II. Escuelas literales

A. Literalismo judío

Este método acepta la interpretación literal a menos de que algo en la frase o párrafo lo impida. Por ejemplo, las figuras de dicción no admiten una interpretación literal. El problema de este método de interpretación de literalismo judío, es que, aunque desarrollaron principios hermenéuticos correctos, con el tiempo, terminaron con un hiperliteralismo. En su deseo intenso por ser cuidadoso con las Escrituras, terminaron perdiendo el significado de las Escrituras. Por ejemplo, dijeron que el intérprete podia encontrar significados múltilples en un texto por tratarse de la Palabra de Dios, etc.

B. La escuela siria de Antioquía

Un representante de esta escuela es el famoso Crisóstomo. Esta escuela insistió en que el significado de la Biblia era su significado histórico y gramatical.

Ellos reconocieron la revelación progresiva de la Biblia. También reconocieron que la unidad de la Biblia era cristológica. Esta escuela se volvió el pilar de la Reforma y finalmente llegó a ser el método exegético principal de la iglesia cristiana.

C. Los victorinos

Durante la edad media existió una escuela fuerte en el área histórica y literal en la abadía de Saint-Victor de París. Esta escuela reflejó la tradición de la escuela siria. Esta escuela enfatizó el significado literal (esto es, el significado verdadero y apropiado de la frase) y por esta razón, enfatizaron la sintaxis, la gramática y el significado. En resumen, la verdadera interpretación de la Biblia era la exégesis, no la eiségesis (esto es, la interpretación del texto, no imponían lo que no estaba en el texto).

D. Los reformadores

En el siglo XVI, la escuela hermenéutica medular de los reformadores fue un eco de la escuela siria. Y es vital entender que antes de la reforma eclesiástica, hubo una reforma hermenéutica. Dos factores contribuyeron a esto:

1. El sistema filosófico de Occam, quien influenció a Lutero. En Occam encontramos una separación entre la revelación y la razón humana.

Por tanto, lo que conocemos de Dios lo conocemos por la revelación divina no por la razón humana. La autoridad para la teología se encuentra únicamente en la revelación divina y por tanto en la Biblia. De esta manera, Lutero fue preparado para exaltar la autoridad de la Biblia por encima de la filosofía. Esto contribuyó a abrir la grieta, por así decirlo, en la mente de Lutero, para dejar la enseñanza del catolicismo de que la Biblia está al mismo nivel de la tradición y bajo la autoridad de la iglesia católica romana.

2. El segundo factor que contribuyó a la reforma hermenéutica del siglo XVI, fue un estudio renovado del hebreo y el griego. En 1494 ya se había publicado un testamento hebreo. Y junto con el renacimiento llegó un interés renovado en el griego y Erasmo publicó el primer Nuevo Testamento en griego de la época en 1516. Lutero aprendió ambos idiomas y cuando pensó que podría terminar en la cárcel, escogió dos libros que lo confortarían: un testamento hebreo y uno griego: la Biblia en los idiomas originales.

Algo que le ayudó mucho es que tenía una memoria fotográfica y de esta manera, podía recordar textos en los originales cuando estaba debatiendo con otros.

Estos dos factores contribuyeron a que Lutero forjara ciertos principios hermenéuticos, que contribuirían a su comprensión de las Escrituras. Los principios hermenéuticos de Lutero podrían resumirse en seis:

a) El principio psicológico. El creyente debe buscar y depender de la guía del Espíritu.

b) El principio de autoridad. La Biblia es la autoridad final en asuntos teológicos y por tanto, está por encima de toda autoridad eclesiástica.

c) El principio literal. Lutero enfatizó la prioridad de la interpretación literal de las Escrituras.

d) El principio de suficiencia. La Biblia es un libro claro (en términos teológicos, esto es la perspicuidad de las Escrituras). Y como el sacerdocio de los creyentes es una realidad, él afirmó que el cristiano competente era suficiente para interpretar la Biblia y la Biblia es lo suficientemente clara en su contenido como para que el creyente la entienda.

Esto fue un fuerte contraste con la idea católica de que las Escrituras son tan oscuras que solo la iglesia podía descubrir su significado y enseñarlas a los creyentes.

Además, en puntos donde la Biblia es oscura, el catolicismo acude a la tradición de la iglesia, mientras que Lutero buscaba un pasaje más claro para interpretar uno más oscuro: el principio de que las Escrituras interpretan a las Escrituras.

e) El principio cristológico. La función de toda la interpretación era encontrar a Cristo. En este punto diferiríamos de Lutero al afirmar que la prioridad es encontrar la intención del autor original y a partir de ahí, investigar la conexión con Cristo mediante la teología/relación entre los textos bíblicos.

f) El principio de Ley/Evangelio. Lutero enseñó que debemos distinguir cuidadosamente la Ley y el evangelio en la Biblia. En este punto diríamos, de nuevo, que esto será claro según el intérprete sea cuidadoso en encontrar la intención del autor original.

Otro hombre clave de la reforma fue Calvino. Algunos han dicho que él fue el primer intérprete científico en la historia de la iglesia. Calvino propuso los siguientes principios hermenéuticos:

a) La iluminación del Espíritu es vital para preparar al intérprete de la Palabra de Dios.

b) Rechazó la interpretación alegórica.

c) Las Escrituras interpretan a las Escrituras. Esto lo llevó a enfatizar fuertemente la gramática, el estudio de palabras, examinar el contexto y comparar las Escrituras con las Escrituras que tratan con los temas en común.

Y probablemente una de las aportaciones más importantes de Calvino, en términos hermenéuticos, fue su convicción de someterse a la intención del autor original, también llamada, intención autoral. Calvino estaba convencido de que era prioritario que el estudiante de la Escritura no impusiera al autor lo que pensaba que el autor debía decir. Por el contrario, la prioridad en el estudio bíblico es dejar que el autor diga lo que quiso decir.

III. Escuelas después de la Reforma

En general, las reglas de hermenéutica de los reformadores se volvieron los principios primordiales de interpretación protestante ortodoxa. Terminemos con las dos escuelas más conocidas a partir de la Reforma y hasta nuestros días.

A. Escuelas liberales

En general, las escuelas liberales del sigo XIX se caracterizan porque:

1. Niegan la inspiración verbal, plenaria de la Biblia (vs. 2 Ti 3:16).
2. El hombre se vuelve la autoridad, no la Biblia. La razón humana se convierte en la autoridad.

A partir de estas dos características, es evidente que estas escuelas caracterizan a incrédulos.

B. Escuelas devocionales

Utilizan el método de interpretar las Escrituras con la meta de cultivar la vida espiritual del intérprete. Un ejemplo de una escuela devocional previo a la Reforma, son los místicos medievales como los victorinos.

Otro ejemplo mejor conocido de escuela devocional es el pietismo. El pietismo se esfuerza por recobrar la Biblia como alimento espiritual para edificación personal. Algunos de los grupos/personas mejor conocidos que enfatizaron el pietismo son los puritanos, Wesley, Matthew Henry, Jonathan Edwards y los Cuáqueros (Quakers).

En la actualidad, probablemente el énfasis hermenéutico pietista (devocional) es el más popular. Esto es, que el cristiano promedio leé su Biblia para aplicarla. Concluimos este capítulo de Introducción a la hermenéutica, con tres observaciones importantes de la escuela devocional.

En primer lugar, el deseo de la escuela pietista de aplicar la palabra de Dios a la vida del cristiano es digno de reconocimiento (2 Ti 3:16-17). No debemos solo entender la palabra de Dios, sino que debemos someter nuestra manera de pensar y de vivir a ella, como una expresión de fe genuina (Stg 1:22), como una expresión de amor al Señor Jesucristo (Jn 14:15).

En segundo lugar, el problema con la escuela pietista es que salta a la aplicación de las Escrituras sin haber primero interpretado correctamente el pasaje. Primero necesitamos comprender la intención del autor original para interpretar correctamente el texto y después podemos podemos aplicar el texto.

En tercer lugar, el énfasis de la escuela pietista en la aplicación sin considerar la interpretación correcta se manifiesta en su tendencia a alegorizar el texto bíblico, especialmente en su uso del Antiguo Testamento.

Capítulo II
Requisitos para la hermenéutica

Interpretar la palabra de Dios no es igual que interpretar cualquier otro escrito. En general, cualquier persona que sepa leer podría asimilar un documento escrito a su nivel de capacidad intelectual. Pero la palabra de Dios es totalmente diferente de cualquier otro documento escrito. La razón de esto, es que es la palabra inspirada por Dios (2 Ti 3:16). Y como tal, no cualquiera puede entenderla.

Para interpretar la Palabra de Dios de una manera que honre al Señor (2 Ti 2:15), necesitamos cumplir con cinco requisitos.[10] En primer lugar, necesitamos ser salvos. De otra manera, es imposible que podamos comprender las Escrituras. Así lo vemos en 1 Corintios 2:9. En contraste con el v. 8, a la ignorancia de los gobernantes que crucificaron al Señor, el Espíritu Santo mediante Pablo dice, "Antes bien, como está escrito [en Is. 64:4]: Cosas que ojo no vio, ni oído oyó, ni han subido en corazón de hombre, son las que Dios ha preparado para los que le aman". La idea de esta frase es que el hombre no tiene la capacidad de conocer la sabiduría de Dios. Aquí vemos la incapacidad humana de conocer a Dios y su palabra. El ser humano no tiene la capacidad de conocer al Señor de la gloria, el crucificado del versículo 8, a menos de que Dios se lo revele por la obra de su Espíritu mediante su palabra. Y esto lo vemos en el versículo 10 de 1 Corintios 2: "Pero Dios nos las reveló [de ἀποκαλύπτω, de donde obtenemos, Apocalipsis] a nosotros [a los que amamos a Dios, del versículo 9] por el Espíritu; porque el Espíritu todo lo escudriña [o examina o investiga], aun lo profundo de Dios". Para discernir la

---

[10] Roy B. Zuck, *The Role of the Holy Spirit in Hermeneutics*, *BSac* 141:562 (1984): 120–30.

sabiduría de Dios, para poder conocer y creer en el Señor de la gloria crucificado, Dios tiene que revelar esta sabiduría mediante su Espíritu usando su palabra (Ro 10:17). Aquí en los versículos 9 y 10, Pablo enfatiza el muro impenetrable que enfrenta el ser humano para conocer a Dios. Únicamente el Espíritu Santo puede penetrar ese muro usando su palabra para hacerle conocer y creer quién es Cristo crucificado como es revelado en las Escrituras.

En contraste con esto, "Pero el hombre natural [este es el no cristiano, el incrédulo] no percibe [no es receptivo, no aprueba, no acepta] las cosas que son del Espíritu de Dios, porque para él son locura [insensatez], y no las puede [no tiene la capacidad] comprender, porque se han de discernir [examinar, evaluar] espiritualmente" (1 Co 2:14). Este versículo repite con otras palabras lo que vimos en los versículos 9 y 10. En su condición natural, de muerte espiritual, separado de Dios, el ser humano no tiene la capacidad de entender las cosas del Espíritu, esto es, las verdades reveladas por el Espíritu en las Escrituras. Colocar a un incrédulo frente a la palabra de Dios es, como dijo Calvino, como colocar a un asno frente a una orquesta que está dando un concierto. Por eso, para interpretar correctamente las Escrituras el primer requisito es ser cristiano, que el Señor nos haya hecho nacer de nuevo por su Espíritu mediante su palabra (Stg. 1:18).

En segundo lugar, una vez salvos, necesitamos dejar el pecado continuamente para que nuestra hambre por la palabra de Dios sea intensa. Así lo dice 1 Pedro 2:1-2: "Desechando, pues, toda malicia, todo engaño, hipocresía, envidias, y todas las detracciones, desead, como niños recién nacidos, la leche espiritual no adulterada, para que por ella crezcáis para salvación". Tal como estos dos versículos lo indican, una tolerancia creciente hacia el pecado llevará a una apatía creciente hacia el estudio de las Escrituras. Por eso, para poder asimilar las Escrituras, el cristiano necesita dejar su pecado para desear entenderlas.

En tercer lugar, necesitamos saber cómo interpretar las Escrituras. Aún los creyentes genuinos, con hambre por conocer las Escrituras, no van a comprender la palabra de Dios a menos de que sepan cómo interpretar la palabra de Dios. Una ilustración de esto lo vemos Nehemías 8. En este pasaje nos encontramos en el año 445 a.C., alrededor de Septiembre/Octubre (Neh 7:73, el mes séptimo es el mes de Tisri en el calendario judío, que equivale a Septiembre/Octubre de nuestro calendario). Y Nehemías 8:8 dice que Esdras y los levitas que lo estaban ayudando, "leían en el libro de la ley de Dios claramente, y ponían el sentido, de modo que entendiesen la lectura". La idea a partir del hebreo, es que estaban traduciendo y explicando al leer las Escrituras para que la gente que estaba oyendo entendiera el significado y cómo se aplicaba a ellos la palabra de Dios que estaban escuchando.

¿Por qué razón Esdras y los levitas tuvieron que traducir y explicar las Escrituras a estos judíos? ¿Por qué no solo las leyeron tal cual estaban escritas? Hay por lo menos dos razones. Número uno, el idioma. El idioma en el que las Escrituras fueron escritas originalmente era diferente del idioma que hablaban estos judíos que oyeron a Esdras y a estos levitas. ¿Por qué? Porque estos judíos estaban saliendo de 70 años de cautividad en Babilonia. Y en Babilonia hablaban en arameo. Pero la sección de las Escrituras que estaban oyendo, fue escrita en hebreo y probablemente la mayoría de ellos no conocía hebreo. Razón número dos, la época. Estas personas estaban oyendo esa parte las Escrituras entre unos seiscientos a mil años después de que hubieran sido escritas. Y la cultura en su pasado reciente de cautividad era muy diferente a la de la fecha de la escritura original.

Es igual para nosotros, ¿no es cierto? Incluso, es mucho más acentuada la diferencia del idioma y la cultura. Debido a que la Palabra de Dios fue escrita en otro idioma y otra época tan diferentes de las nuestras, necesitamos trabajar duro para regresar a la época en la que fue escrita. Esto lo hacemos al estudiar el idioma original y el contexto histórico. Y la hermenéutica nos da los principios necesarios para hacer esto.

En cuarto lugar, necesitamos hacer el esfuerzo por estudiar. En Segunda de Timoteo 2:15, el Espíritu de Dios lo dijo con estas conocidas palabras, mediante Pablo: "Procura con diligencia presentarte a Dios aprobado, como obrero que no tiene de qué avargonzarse, que usa bien la palabra de verdad" (2 Ti 2:15). La frase "Procura con diligencia", traduce una palabra griega que significa ser ferviente, esmerarse, hacer todo lo posible, hacer grandes esfuerzos.[11] Pablo mandó a Timoteo a esforzarse a un nivel tan alto de modo que Dios lo aprobara. La meta de ese esfuerzo es ser aprobado por Dios, para usar "bien la palabra de verdad". ¿Qué significa esto? "Manejar correctamente la Palabra es manejarla de

---

[11] Danker, 939.

acuerdo con su intención y comunicar apropiadamente su significado".[12] A la luz de 2 Timoteo 2:15, no esforzarse por estudiar para interpretar la palabra de Dios para entender la intención de su autor es algo no aprobado por Dios y es algo digno de vergüenza. Por tanto, el que no hace todo lo posible por interpretar correctamente las Escrituras, no va a poder interpretar la palabra de Dios correctamente de una manera que Dios aprueba.

Finalmente, en quinto lugar, ser dependiente del Espíritu de Dios. Esto lo podemos ver de dos maneras. En primer lugar, al pedirle entendimiento a Dios mediante su Espíritu para comprender su palabra. Así oró Pablo por los creyentes en Éfeso: "no ceso de dar gracias por vosotros, haciendo memoria de vosotros en mis oraciones, para que el Dios de nuestro Señor Jesucristo, el Padre de gloria, os dé espíritu de sabiduría y de revelación en el conocimiento de él" (Efesios 1:16 y 17).

Y en segundo lugar, al estar dispuestos a someternos a lo que el Espíritu ha escrito en las Escrituras (2 P 1:20-21; Col 3:16). En otras palabras, debemos estar dispuestos a someternos lo que el autor original quiso decir, en lugar de alterar la intención autoral para acomodarla a nuestro gusto. Esta es la actitud de un creyente pobre y humilde de espíritu y que tiembla a u palabra (Is 66:1-2). El rey Josías ejemplificó esta actitud en Segunda de Crónicas 34:19: "Luego que el rey oyó las palabras de la ley, rasgó sus vestidos". Esto indica que el rey estaba profundamente triste. Y en los versículos anteriores, vemos que el rey no supo que era la palabra de Dios hasta que empezaron a léersela. Observen que sin saber que era la palabra de Dios, al oírla, el Espíritu Santo causó esta respuesta en el rey Josías. ¿Por qué respondió con tristeza profunda al escuchar la palabra de Dios? Porque se dio cuenta de que estaban bajo la ira de Dios por haber desobedecido su palabra. Así lo explican los siguientes versículos: "y mandó a Hilcías y a Ahicam hijo de Safán, y a Abdón hijo de Micaía, y a Safán escriba, y a Asaías siervo del rey, diciendo: Andad, consultad a Jehová por mí y por el remanente de Israel y de Judá acerca de las palabras del libro que se ha hallado; porque grande es la ira de Jehová que ha caído sobre nosotros, por cuanto nuestros padres no guardaron la palabra de Jehová, para hacer conforme a todo lo que está escrito en este libro" (2 Cr 34:20-21). Josías alarmado porque se dio cuenta de que estaban bajo

---

[12] George W. Knight, *The Pastoral Epistles: A Commentary on the Greek Text* (Carlisle, England: WB Eerdmans, 1992), versión electrónica en LOGOS.

el juicio de Dios y quería que le preguntaran qué hacer. El rey demostró la obra del Espíritu en su vida en su sumisión a la palabra de Dios. Y esa sumisión la manifestó en que interpretó la situación en la que vivía su pueblo exactamente como el Señor la describió en su palabra. Y por los versículos 22 al 27 vemos que Dios dijo que Josías hizo lo correcto. Y así concluyó el Señor su respuesta a Josías, mediante la profetisa Hulda: "Mas al rey de Judá, que os ha enviado a consultar a Jehová, así le diréis: Jehová el Dios de Israel ha dicho así: Por cuanto oíste las palabras del libro, y tu corazón se conmovió [en hebreo, "fue suave"], y te humillaste [o, a partir del hebreo "te sometiste"] delante de Dios al oír sus palabras sobre este lugar y sobre sus moradores, y te humillaste delante de mí, y rasgaste tus vestidos y lloraste en mi presencia, yo también te he oído, dice Jehová" (2 Cr 34:26-27).

La actitud del rey Josías frente a la palabra de Dios es necesaria para interpretar correctamente la palabra de Dios. Esta es una actitud que solo el Espíritu Santo puede producir en un creyente (como lo vimos arriba, en el primero de estos cinco requisitos). Y al mismo tiempo, tenemos la responsabilidad de demostrar esa actitud.

Capítulo III

La función del Espíritu Santo en la hermenéutica

En el capítulo anterior, concluimos con la necesida de depender del Espíritu Santo para interpretar correctamente las Escrituras. La función del Espíritu Santo para interpretar las Escrituras es tan importante, que vamos a dedicar este capítulo para explicar con 7 aclaraciones cómo opera el Espíritu en el creyente, en el proceso de entender la Palabra de Dios.[13]

En primer lugar, el Espíritu Santo no da revelación nueva al nivel de las Escrituras. Cinco argumentos tomados de manera colectiva lo confirman:[14]

1. Así como Génesis abrió en la eternidad pasada, Apocalipsis cierra en la eternidad futura.
2. Tal y como después de Malaquías, el último libro del Antiguo Testamento, hubo un silencio, así también lo hay después del Apocalipsis.
3. Ya no hay ni profetas, ni apóstoles, ni asociados cercanos a ellos que puedan escribir un libro inspirado.
4. Apocalipsis 22:18-19 concluye con una advertencia seria a no añadir nada a Apocalipsis. Ningún otro libro de la Biblia incluye una advertencia tan seria y al final de su contenido.
5. La generación de líderes de la iglesia más cercanos a la época de los apóstoles, estaban convencidos de que Apocalipsis cerraba las Escrituras.

---

13 Zuck, *The Role of the Holy Spirit*, 120–30.
14 John MacArthur, *La Biblia de estudio MacArthur* (Grand Rapids, Michigan: Editorial Portavoz, 2004), 19.

Incluso durante la época en la que el Señor estaba escribiendo su palabra, a lo largo de la Biblia vemos que el Espíritu Santo no le dio revelación directa a todo mundo en todo momento. Únicamente le dio revelación a un grupo selecto de personas en ciertos momentos de la historia bíblica. Entonces, desde que el Señor terminó de escribir el libro de Apocalipsis, el Espíritu Santo únicamente da entendimiento al creyente mediante la interpretación correcta de su palabra. Esto nos ayuda a entender por qué no hay ejemplos ni mandatos en las cartas del Nuevo Testamento que indiquen "como identificar la revelación del Espíritu Santo", como si fuera revelación adicional a lo que ya reveló en los 66 libros de las Escrituras. Pensamientos, ideas, sentimientos o sueños, no son medios que el Espíritu Santo usa en la actualidad para dar revelación nueva porque ya no da ningún tipo de revelación.

Algunas personas piensan que el Espíritu Santo da revelación a través de la oración y oran y los pensamientos que les vienen a la mente mientras que están orando, los interpretan como si el Espíritu Santo les estuviera dando revelación nueva. Pero en la Biblia vemos que la oración es lo que nosotros le decimos a Dios: lo alabamos, pedimos, confesamos nuestro pecado (cp. Mt 6:9-15; Ef. 6:18). Además, en ningún lugar las Escrituras nos enseñan que la oración es un diálogo entre el creyente y Dios. De hecho, no hay ejemplo ni mandato para el creyente del Nuevo Testamento a esperar que Dios nos hable mediante pensamientos, visiones o voces cuando oramos.

Otra idea equivocada y común es pensar que cuando oramos, sentir "paz" al pensar algo es un indicador de que el Espíritu Santo nos está dando revelación nueva en ese momento. Pero de nuevo, no hay versículo ni ejemplo en las Escrituras que enseñe esta práctica. De hecho es peligroso, porque Jeremías 17:9 nos recuerda que nuestra mente y sentimientos nos pueden engañar. A veces tenemos tantas ganas de hacer algo, que nos engañamos para satisfacer un deseo personal.

Y de la mano con la idea y práctica anterior, algunos piensan que el Espíritu Santo da revelación mediante las circunstancias. Claro que Dios conoce y mantiene existiendo y controlando todo detalle de su creación para cumplir sus propósitos (Mt 10:29), a esto lo llamamos la "providencia de Dios". Dios en su providencia, puede hacer que pienses hacer algo en el momento correcto, pero esta no es una revelación del

Espíritu Santo. Además, no hay mandato ni ejemplo en la Biblia de interpretar la providencia de Dios. No te pasa algo y piensas, "Ah, el Espíritu Santo está dándome una revelación". ¡No! Eso es ser supersticioso, es ser ingenuo y espiritualmente torpe. Por ejemplo, el Espíritu Santo envió a Pablo y Bernabé a su primer viaje misionero en Hch 13:1-4. En el 13:5 todo iba bien, pero en el 13:6-8 encontraron oposición al ministerio. Y no dijeron, "El Espíritu Santo nos está revelando que no es por aquí". El Espíritu Santo los había enviado (13:1-4) y ellos fueron obedientes y siguieron (13:9-12).

Por lo tanto, al estudiar la Biblia, no esperes que el Espíritu Santo te de revelaciones mediante voces, impresiones, sentimientos especiales o experiencias de algún tipo. Sino esfuérzate por conocer la intención del autor mediante estudio duro, combinado con una actitud humilde y dependiente del Espíritu Santo en oración.

Una segunda aclaración de cómo opera el Espíritu en el creyente en el proceso de entender la palabra de Dios es que el Espíritu Santo no garantiza que nuestra interpretación sea infalible. Es posible que estés equivocado en una interpretación por falta de información gramatical, contextual o histórica en un pasaje. Y esto podría ser debido que no sabes cómo interpretar la Biblia o estás siendo flojo en el estudio o por la falta de buenos libros que te provean de la información que necesitas para interpretar correctamente el texto (ve el capítulo 2, el tercer y cuarto requisito para interpretar correctamente las Escrituras). Comprender que el Espíritu Santo no garantiza que nuestra interpretación sea infalible debe motivarnos a no tomar a la ligera los requisitos para interpretar correctamente las Escrituras (ve el capítulo 2).

En tercer lugar, el Espíritu Santo no da un entendimiento a una persona que nadie más tiene. Como lo explicaremos a detalle más adelante, el Espíritu Santo quiso decirle algo en particular a la audiencia original en un pasaje y esa es la interpretación correcta. Y el entendimiento de ese pasaje, si es el correcto, va a ser igual en toda persona que lo entiende correctamente. Por ejemplo, cuando el Espíritu Santo a través de Pablo le dijo a los efesios que el hombre amara a su mujer como Cristo a la iglesia (Ef. 5:25), ¡no esperaba que unos entendieran una cosa y otros otra! Por esta razón, debemos evitar interpretaciones que no estén basadas en los principios hermenéuticos correctos.

En cuarto lugar, el Espíritu Santo capacita a todo creyente obediente para comprender y someterse a las Escrituras. No solo a algunos (ve los primeros dos requisitos en el capítulo 2). Todo cristiano tiene la "unción del Santo" (1 Jn 2:20). Esta es "la unción que vosotros recibisteís de él [que] permanece en vosotros, y no tenéis necesidad de que nadie os enseñe; así como la unción misma os enseña tods las cosas, y es verdadera, y no es mentira, según ella os ha enseñado" (1 Jn 2:27). Esta "unción" es el Espíritu Santo. Y en el contexto de 1 Juan el Apóstol está explicando que el Espíritu Santo le da la capacidad a todo cristiano para que distingan la verdad y la santidad enseñadas por la palabra de Dios, de la mentira y la herejía. Esto no significa que un cristiano conoce la palabra de Dios sin estudiarla y sin ser ayudado por otros cristianos, a entenderla y aplicarla. De lo contrario, no necesitariamos que el Espíritu nos mandara a estudiar la palabra de Dios para crecer espiritualmente (1 P 2:1-2; 2 P 3:18). Ni necesitaríamos que el Espíritu nos edificara mediante el don espiritual que da a cada cristiano, para ayudarnos a crecer espiritualmente (Ef 4:16). Y en particular, no necesitaríamos a pastores ni predicadores ni maestros que el Espíritu usa para ayudarnos a crecer espiritualmente (1 Co 12-14; Ef 4:11-16).

En quinto lugar, el Espíritu Santo usa el estudio diligente junto con libros que nos ayudan a comprender el texto bíblico. Como ya lo expicamos (cp. 2 Ti 2:15, ve el cuarto requisito en el capítulo 2), es imposible interpretar correctamente el texto bíblico sin dar nuestro máximo esfuerzo en el proceso de estudio. Y junto con ese estudio, el Señor usa a hombres capacitados por su Espíritu, para ayudarnos a entender las Escrituras. Y esos hombres pueden ya estar con el Señor pero podemos seguir beneficiándonos de sus ministerios mediante los libros que han dejado. Los evangelistas, pastores y maestros que el Señor ha dado a su iglesia, estén físicamente vivos o muertos, son usados por el Señor para perfeccionarnos, para que crezcamos espiritualmente (Ef 4:11-16). Y ese crecimiento espiritual se lleva a cabo mediante la interpretación correcta de las Escrituras (2 P 3:16-18). Por esta razón, para interpretar correctamente las Escrituras necesitas esforzarte por estudiar el texto bíblico, usando libros buenos que te ayuden a asimilarlo correctamente.

En sexto lugar, el Espíritu Santo no hace que todo pasaje sea igual de claro. En 2 de Pedro 3:15, Pedro le recordó a sus lectores por qué el Señor se ha esperando para regresar: "Y tened entendido que la paciencia de nuestro Señor es para salvación; como también nuestro amado hermano Pablo, según la sabiduría que le ha sido dada, os ha escrito". Pedro usó los escritos de Pablo para apoyar lo que escribió aquí. Es importante aclarar que para cuando Pedro escribió esto, Pablo ya había acabado de escribir sus 13 cartas que vemos en el Nuevo Testamento. Y 2 P 3:15 indica que los cristianos a los que escribió Pedro, habrían tenido acceso a los escritos inspirados de Pablo. Y en el siguiente versículo, Pedro reconoció algo de los escritos inspirados de Pablo: "casi en todas sus epístolas, hablando en ellas de estas cosas; entre las cuales hay algunas difíciles de entender" (2 P 3:16). Esto nos debe animar. Si te parece que hay algunas cosas difíciles de comprender en las cartas de Pablo o en cualquier otra parte de la Escritura, es normal. Pedro mismo reconoció esto.

Aquí vemos que, aunque el Espíritu Santo inspiró las Escrituras, él no hace que todo pasaje sea igual de claro. Pero la dificultad en interpretar ciertos pasajes nunca justifica el distorsionarlos. Al contrario, en dependencia del Espíritu Santo mediante la oración e interpretando con una hermenéutica literal, gramático-histórica, debemos esforzarnos conforme a nuestra capacidad máxima, por asimilarlos correctamente. E incluso haciendo esto, como Pedro lo afirmó, reconoce que hay pasajes que no podrás entender con la claridad que quisieras.

Finalmente, en séptimo lugar, el Espíritu Santo no hace a un lado el sentido común y la lógica. Es muy importante aclarar esto. No estamos diciendo que si algo no nos parece lógico, lo desechemos. Conforme interpretamos las Escrituras, la razón, el sentido común y la lógica deben someterse a las Escrituras. Las Escrituras son la autoridad, no la razón ni el sentido común ni la lógica humanos. En otras palabras, debemos usar la razón en sumisión a las Escrituras, siendo analíticos y colocándonos debajo de lo que la palabra de Dios enseña.

El Señor Jesucristo mandó que usáramos la razón sometida a él, al discernir verdades bíblicas. Por ejemplo, en Mateo 6:25-30, presentó ilustraciones que demandaban que los discípulos pensaran, usaran su facultad de razonamiento. Él les dijo, "Mirad las aves del cielo [vers. 26]... Considerad los lirios del campo" (vers. 28).

Hay dos pasajes clave que ilustran este principio de que debemos usar la razón y el sentido común en sumisión a las Escrituras. El primero lo vemos durante el segundo viaje misionero de Pablo. De Tesalónica llegó a Berea junto con Silas y entró a predicar a la sinagoga de los judíos (Hch 17:10). Y esta fue la respuesta de esos judíos: "Y éstos eran más nobles que os que estaban en Tesalónica" (Hch 17:11). A partir del griego, en este versículo, la palabra "nobles" expresa la idea de que estos judíos estaban dispuestos a oír la palabra de Dios. Y esto se ve en la siguiente frase, "pues recibieron la palabra con toda solicitud" (vers. 11). Esto es, con toda disposición, con buena voluntad. Pero esa apertura a escuchar la alabra de Dios, no demostró ingenuidad por parte de ellos con lo dice última parte del versículo 11: "escudriñando cada día las Escrituras para ver si estas cosas eran así". Diariamente, estos judíos escudriñaban, esto es, a partir del griego, estudiaban cuidadosamente, examinaban, investigaban. Y en el versículo 12, vemos que después de que investigaron y confirmaron que los misioneros predicaban la verdad, muchos de ellos creyeron. Esta es una gran ilustración de que el Espíritu Santo no hace a un lado el sentido común y la lógica, conforme nos capacita para entender las Escrituras (la misma idea que vimos en 2 Ti 2:15 en el capítulo anterior, bajo el cuarto requisito).

El segundo texto lo encontramos en ese gran capítulo que presenta varios ejemplos de lo que es la fe salvadora, Hebreos, capítulo 11. En el versículo 3 dice, "Por la fe entendemos haber sido constituido el universo por la palabra de Dios, de modo que lo que se ve fue hecho de lo que no se veía". La palabra griega traducida "entendemos" aquí, significa que "comprendemos en base a pensar cuidadosamente".[15] ¿En qué pensamos cuidadosamente? En lo que la palabra de Dios dice acerca de cómo creo el Señor el universo. La palabra de Dios dice que fue "constituido el universo por la palabra de Dios, de modo que lo que se ve fue hecho de lo que no se veía". En otras palabras, por la obra del Espíritu de Dios, la "fe nos da la capacidad de comprender que el universo visible fue creado por algo invisible, esto es, la palabra de Dios".[16] Entonces, debido a que el Espíritu Santo no hace a un lado el sentido común y la lógica, al estudiar

---

[15] Danker, 674.

[16] Ellingworth, Paul, *The Epistle to the Hebrews: A Commentary on the Greek Text (New International Greek Testament Commentary)* (Grand Rapids, Michigan: W.B. Eerdmans, 1993), edición electrónica en LOGOS.

las Escrituras, debemos esforzarnos por analizar y entender el texto en sumisión al texto mismo.

En un sentido, conocer la función del Espíritu Santo en la hermenéutica es parte de las presuposiciones correctas de la hermenéutica que veremos en el siguiente capítulo.

Capítulo IV

Presuposiciones de la hermenéutica

Antes de explicar los principios de la hermenéutica, necesitamos conocer las presuposiciones que se encuentran detrás de ellos. Los principios de hermenéutica[17] están basados en seis presuposiciones arraigadas en nuestro entendimiento de las Escrituras.

En primer lugar, la claridad de las Escrituras. Esto es, mediante las leyes del lenguaje y la obra iluminadora del Espíritu podemos comprender las Escrituras, admitiendo que ciertos pasajes son más difíciles de entender que otros (cp. 2 P. 3:16).

> Es aquí donde la claridad (o perspicuidad) de las Escrituras entra en la discusión. La Biblia expresa claramente la verdad de Dios. No es una recopilación de misteriosos escritos o dichos cuya comprensión requiere una certa clave para desentrañar su verdadero significado espiritual. La Biblia revela de manera correcta el mensaje de Dios lo comunica claramente.[18]

En segundo lugar, las Escrituras han sido reveladas en términos humanos para que podamos asimilarlas, por ejemplo, el brazo derecho de Dios representa su poder.

En tercer lugar, Dios toma la iniciativa de revelarse a sí mismo gradualmente como patrón general, comenzando con verdades en el A. T. que son desarrolladas en mayor plenitud en el N. T.

En cuarto lugar, las Escrituras interpretan a las Escrituras, lo cual significa que estas, como un todo, deben ser usadas para discernir un

---

[17] Ramm, *Protestant Biblical Interpretation*, 97–214.

[18] John MacArthur y Richard Mayhue, *Teología Sistemática: Un estudio profundo de la doctrina bíblica* (Grand Rapids: Portavoz, 2018), 107.

pasaje en particular. Esto también significa que pasajes oscuros deben ser interpretados a la luz de los que son más claros.

En quinto lugar, las Escrituras no pueden contradecirse a sí mismas, esto es llamado la analogía de la fe.

En sexto lugar, mientras que hay muchas aplicaciones, hay un significado para cada texto: ese significado es el significado que el autor original quiso que tuviera un texto dado.[19] Kaiser subraya este principio de un solo significado de las Escrituras, señalando que

> Bajo la fuerte influencia de la Reforma hubo un énfasis renovado en que solo hay *un sentido* o significado en todo pasaje si el intérprete es fiel a su misión. El objetivo entero del expositor es explicar tan claramente como séa posible lo que el escritor quiso decir cuando escribió el texto que está siendo examinado...solo hay *un* significado el cual siempre es *el* significado de un texto...[20]

En otras palabras, conocer lo más que podamos acerca del autor y su audiencia original nos ayuda a saber cómo es que él quiso que su audiencia entendiera lo que él escribió.[21] Necesitamos comprender lo que el autor quiso decir y no imponer una interpretación personal en el texto.[22] Conforme analizas el texto, necesitas "entender el uso de las palabras que el autor humano empleó en el contexto de su vida y época, géneros literarios, y suposiciones teológicas".[23] No puedes aislar el texto de su contexto original. Recuerda que cualquier "porción de las Escrituras que está divorciada de su contexto cultural original y la intención del autor es un niño sin hogar que vaga por las calles y que es vulnerable a abusos violentos".[24]

---

[19] Wayne Grudem, "Right and Wrong Interpretaion of the Bible: Some Suggestions for Pastors and Bible Teachers," in *Preach the Word: Essays on Expository Preaching in Honor of R. Kent Hughes*, eds. Leland Ryken y Todd A. Wilson (Wheaton: Crossway Books, 2007), 61–62.

[20] Ramm, *Protestant Biblical Interpretation*, 45.

[21] R. H. Stein, "Is Our Reading the Bible the Same as the Original Audience's Hearing It?" *JETS* 46, no. 1 (2003): 63–78.

[22] Kaiser, *Exegetical Theology*, 12.

[23] Ibid., 51.

[24] D. Brent Sandy y Ronald L. Giese, Jr., eds., *Cracking Old Testament Codes: A Guide to Interpreting the Literary Genres of the Old Testament* (Nashville: Broadman & Holman, 1995), 187.

Chou refuerza esta advertencia con estas palabras:

De manera fundamental, si afirmamos creer en la centralidad de la intención autoral, nuestro método debe estar deliberadamente comprometido con ese objetivo. Por lo tanto, cuando nos acercamos a las Escrituras, nuestra meta no debe consistir en hallar la teología que deseamos ni en lograr cierta experiencia positiva de la lectura del texto. No deberíamos ser egoístas en nuestra interpretación de ellas. En su lugar, nuestro bojetivo fundamental es escuchar lo que él tiene que decir por medio del autor humano. El estímulo y la teología vendrán de esto, con toda seguridad, pero solo de aquello que Dios declaró, si de verdad prestamos oído a su palabra y no a nuestros propios deseos impuestos sobre el pasaje.[25]

Por tanto, nuestra meta en la hermenéutica va a determinar cómo abordamos el texto bíblico. Así lo resume Chou:

La convicción sobre la intención autoral, nos convierte en los descubridores de la intención del texto, a diferencia de aquellos que imponen exigencias sobre este.[26]

Solo el significado correcto del texto es el que su autor quiso que el texto tuviera. Y dicho significado se encuentra mediante la interpretación literal, gramático-histórica.[27] En otras palabras,

...partiendo del texto original [si conoce los idiomas bíblicos, idealmente, el cristiano en general], el predicador debe interpretarlo fielmente. Esto requiere el uso de la ciencia *hermenéutica*. La verdadera hermenéutica trata de las reglas interpretativas que aplica la exégesis para encontrar el significado que Dios quiso transmitir a través del texto. Empleando los principios hermenéuticos de la interpretación literal, gramático-histórica, el estudiante puede entender dicho significado.[28]

Y esta es la hermenéutica que usaron los apóstoles y profetas para interpretar los escritos bíblicos, como es demostrado en que

---

[25] Chou, 45.

[26] Ibid, 45.

[27] Walter C. Kaiser Jr., *Preaching and Teaching from the Old Testament: A Guide for the Church* (Grand Rapids, Baker Academic, 2003), 51.

[28] MacArthur y Mayhue, *Teología Sistemática*, 138.

...si consideramos un manual de hermenéutica estándar, percibiremos la necesidad de hablar sobre el contexto histórico, el género, el contexto, la gramática y el estudio de palabras... la prioridad de la intención autoral, tanto en su significado como en sus implicaciones sobre la vida...

Si nos detenemos y pensamos en cómo interpretaban su Biblia los escritores bíblicos, [vemos que se]... preocupaban por la intención autoral. Prestaban atención a la historia y al plan de Dios. Conocían tanto el contexto literario como el intertextual. Estudiaban con esmero la gramática y las palabras. Entendían que las ideas (el significado) de la revelación pasada tenían implicaciones y consecuencias (trascendencia)...

...necesitamos... estudiar un pasaje a partir de sus antecedentes históricos y al pie de la letra, porque es la forma en que los profetas y los apóstoles creían que funciona la Biblia. Así es como interpretamos las Escrituras y, por tanto, es como ellos expresaban sus ideas en las Escrituras. Así expresaban su intención...

... su método hermenéutico no frustra todo lo que hemos aprendido tradicionalmente... su metodología lo sustancia... la metodología hermenéutica tradicional es correcta... no necesitamos una nueva hermenéutica, sino practicar cuidadosamente la que ya tenemos. Al actuar así... interpretamos como ellos lo hicieron. Repetimos el método hermenéutico que ellos empleaban.[29]

¿Cuáles son los principios hermenéuticos de la interpretación literal, gramático-histórica? Vamos a explicarlos en el capítulo siguiente.

---

[29] Chou, 206-7. Chou sustancia estas afirmaciones con una defensa detallada de varios textos, que indican cómo los escritores bíblicos usaron una hermenéutica literal gramático-histórica.

Capítulo V
Principios generales de la hermenéutica

En este capítulo veremos los principios generales de la hermenéutica. Los siguientes dos capítulos, desarrollan los principios específicos para diferentes tipos de literatura del Antiguo Testamento y del Nuevo Testamento.

Antes de explicar los principios generales, es importante señalar que necesitamos hacer uso de libros buenos, de calidad, que nos ayuden con la labor de interpretar correctamente el texto bíblico. Rosscup señaló sabiamente la importancia de este principio con estas palabras:

> Así como un cirujano, un dentista y un carpintero necesitan tener y conocer cómo utilizar las herramientas correctas, lo debe hacer también el... [estudiante de la Biblia]. Él no puede darse el lujo de descuidarse al elegir sus herramientas como lo haría cualquier... [cirujano, dentista o carpintero] especializado en una de estas otras profesiones o carreras.[30]

A continuación sugerimos una lista inicial (no exhaustiva) de herramientas útiles para el estudio bíblico (varios de ellos están disponibles en español). A esta lista podemos añadir los diferentes libros que hemos consultado para este manual. Como todo libro, deben ser evaluados por la Escritura (1 Ts. 5:20-22):

---

[30] James E. Rosscup en John MacArthur y la Facultad del Master's Seminary, *La predicación: Cómo predicar bíblicamente* (Nashville: Grupo Nelson, 2009), 143-44.

Antiguo Testamento:

Gleason L. Archer, *A Survey of Old Testament Introduction*, rev. ed. (Chicago: Moody Press, 2007).

Carl F. Keil y Franz Delitzsch, *Commentary on the Old Testament* (Peabody, MA: Hendrickson Publishers, 1996).

Frederic Clarke Putnam, *Hebrew Bible Insert: A Student's Guide*. 2nd ed. (Quakertown, PA: Stylus Publishing, 2002).

William D. Barrick e Irvin A. Busenitz, *A Grammar for Biblical Hebrew* (Sun Valley, CA: GBI Books, 2011).

Friedrich Gesenius y Wilhelm Gesenius, *Gesenius' Hebrew Grammar*, ed. E. Kautzsch y Sir Arthur Ernest Cowley, 2nd ed. (Oxford: Clarendon Press, 1910).

Bruce K. Waltke y M. O'Connor, *An Introduction to Biblical Hebrew Syntax* (Winona Lake, IN: Eisenbrauns, 1990).

Usos y costumbres, diccionarios:

J. I. Packer y Merrill C. Tenney, eds., *Illustrated Manners and Customs of the Bible* (Nashville: Thomas Nelson Publishers, 1997).

W.E. Vine, Merrill F. Unger, y William White, *An Expository Dictionary of Biblical Words* (Nashville: Thomas Nelson Publishers, 1984).

E.W. Bullinger, *Figures of Speech Used in the Bible: Explained and Illustrated* (New York: E. & J.B. Young & Co, 1968).

Teologías sistemáticas:

Louis Berkhof, *Systematic Theology* (Grand Rapids: Eerdmans Publishing, 1996).

Lewis S. Chafer, *Systematic Theology*, ed. by John F. Walvoord (Wheaton: Victor Books, 1988).

John MacArthur y Richard Mayhue, *Teología Sistemática: Un estudio profundo de la doctrina bíblica* (Grand Rapids: Portavoz, 2018).

Millard J. Erickson, *Christian Theology*, 2nd ed. (Grand Rapids: Baker Books, 1998). Versión español: *Teología sistemática* (Viladecavalls: CLIE, 2009)

Wayne Grudem, *Systematic Theology* (Grand Rapids: InterVarsity Press, 1994).

Concordancias:

Robert L. Thomas, ed., *New American Standard Exhaustive Concordance of the Bible* (Nashville: A. J. Holman, 1981).

R. A. Torrey, *The Treasury of Scripture Knowledge* (Nashville: Thomas Nelson Publishers, 2002). Disponible también en LOGOS en español.

Hermenéutica:

J. Scott Duvall y J. Daniel Hays, *Grasping God's Word: A Hands-On Approach to Reading, Interpreting and Applying the Bible* (Grand Rapids: Zondervan Publishing, 2005). Versión española, *Hermenéutica. Entendiendo la palabra de Dios* (Viladecavalls: CLIE, 2008).

Nuevo Testamento:

Everrett F. Harrison, *Introduction to the New Testament*, rev. ed. (Grand Rapids: Eerdmans Publishing, 1971).

Gerhard Kittel y Gerhard Friedrich, eds. *Theological Dictionary of the New Testament*, trans. y resumen de G. W. Bromiley (Grand Rapids: Eerdmans Publishing, 1985).

H. E. Dana y Julius R. Mantey, *A Manual Grammar of the Greek New Testament* (New York: MacMillian, 1955).

Josiah Grauman, "Griego Para Pastores: Una Gramática Introductoria" [Greek for Pastors: An Introductory Grammar] (Textbook for Greek Grammar course, Seminario Bíblico Palabra de Gracia, Mexico, 2007).

Robert Hanna, *A Grammatical Aid to the Greek New Testament* (Grand Rapids: Baker Books, 1983).

A.T. Robertson, *Word Pictures in the New Testament*, 6 vols. (Nashville: Broadman Press, 1931).

William D. Mounce, *Basics of Biblical Greek: Grammar*, second ed. (Grand Rapids: Zondervan Publishing, 2003).

Daniel B. Wallace, *Greek Grammar Beyond the Basics: Exegetical Syntax of the New Testament* (Grand Rapids: Zondervan Publishing, 1999).

Comentarios:

John F. Walvoord y Roy B. Zuck, eds., The Bible Knowledge Commentary: An Exposition of the Scriptures (Wheaton: Victor Books, 1985).

Comentario del Nuevo Testamento de Hendriksen y Kistemaker, Editorial Desafío.

Comentario del Nuevo Testamento de John MacArthur, Editorial Portavoz.

Comentarios individuales de libros del Antiguo y Nuevo Testamento, de Editorial CLIE.

Comentario Exegético Evangélico. Editorial Tesoro Bíblico, (disponible en el software bíblico LOGOS).

Nuevo Comentario Americano del Antiguo y Nuevo Testamento. Editorial Tesoro Bíblico (disponible en el software bíblico LOGOS).

Con esta lista preliminar de herramientas en mente, a continuación explicamos los principios generales de hermenéutica.

1. Principio de contexto (histórico y literario)

Este es el principio hermenéutico más importante.[31] Este principio lo podemos dividir en dos partes: el contexto histórico y el contexto literario. En primer lugar, el contexto histórico. Esto incluye dos componentes. El primero incluye los detalles históricos que rodearon a un autor dado al escribir un libro de la Biblia. Esto incluye el estudio de la cultura, es decir, las costumbres en las que los autores bíblicos y su audiencia original vivieron. Para hacer esto, debemos "usar las herramientas [fuentes] que nos capacitan para cruzar el puente de regreso a la época bíblica y la intención del autor".[32]

El segundo es cómo el autor entendió su lugar en la historia redentora. Esto es, cómo encaja y contribuye un libro dado, al plan eterno del Señor. Como por ejemplo, Pablo

No solo escribió sus cartas para tratar las necesidades pragmáticas del momento, sino también las necesidades teológicas manifestadas por dicha situación. Reconoció que las circunstancias de una iglesia en particular eran

---

[31] Grant R. Osborne, The Hermeneutical Spiral (Downers Grove, IL: InterVarsity Press, 1991/2006), 37.

[32] Ibid, 25.

una oportunidad histórico-redentora para tocar problemas más amplios que moldearían a la iglesia universal durante los años subsiguientes. Por esta razón precisa, desdea que sus escritos sean leídos por otras congregaciones (Col 4:16), e insta a los líderes a transmitir lo que han aprendido a las generaciones futuras (2 Ti 2:2)... Pablo sabía que estaba escribiendo las Escrituras, y esto es provechoso para todos (2 Ti 3:16).[33]

En segundo lugar, tenemos el contexto literario.[34] Esto se puede resumir en dos puntos. Uno, necesitamos comprender la función del texto que estamos estudiando, en relación a los pasajes que vienen antes o después. Dos, necesitamos entender a qué pasajes revelados antes del que estamos estudiando se refirió el autor.

¿Cómo hacemos esto? Mediante un estudio cuidadoso de las palabras del texto en cuestión (esto incluye la observación y estudios de palabras, que explicaremos en los siguientes párrafos). Estos estudios de palabras también deben considerar sinónimos, frases o temas que el escritor incluye, para "anclar" un tema teológico. Aunque el uso de una palabra no siempre enseña un tema teológico, es posible que los escritores bíblicos usen palabras para recordarle a su audiencia ciertos pasajes.

De esta manera, podemos asimilar cómo el texto que estamos estudiando, desarrolla temas teológicos revelados antes y cómo esto contribuye al contexto inmediato. Y en muchos casos, cómo el texto apunta a otros pasajes que el Señor reveló después del texto que estamos estudiando. Los comentarios y las concordancias son herramientas útiles para aplicar este principio.

2. Principio gramatical[35]

La gramática puede definirse como la relación de palabras y frases entre sí. La gramática es esencial porque nos muestra lo que Dios quiso que la audiencia original entendiera. Por ejemplo, discernir qué persona realiza una acción, a quién, por qué, cómo, todos estos son detalles necesarios para comprender correctamente el texto bíblico.

Y en el caso de las Escrituras, la gramática de los idiomas originales es esencial. Es ideal estudiar el texto en el idioma original. Pero

---

[33] Chou, 210.

[34] Ibid, 212-14.

[35] Basado en Rosscup y Thomas, en *La Predicación*, 147-8, 63.

reconocemos que para algunos no les es posible estudiar la gramática hebrea y griega. En ese caso, el estudiante de las Escrituras tiene que depender de otros que conocen y dominan los idiomas originales. Y el consejo para ese estudiante que no conoce los idiomas originales o que no domina los idiomas originales, es que sea muy cuidadosos en su uso de comentarios y libros que le ayude a entender el texto.

3. Principio literal

Debemos empezar con el "significado histórico, simple, natural, original del pasaje. Si abandonamos esto como nuestro punto de partida no tenemos esperanza de llegar a un sentido del significado del texto".[36] Esto significa que las palabras deben ser interpretadas en el significado normal, de costumbre, que la sociedad original les asignó. Este principio es visto como la práctica normal en la interpretación de literatura. El principio literal debe ser aplicado a menos de que el pasaje nos apunte en una dirección diferente. ¿Cómo podemos saber que el pasaje no debe ser tomado literalmente? Solo si no tiene sentido dentro de su contexto histórico o mediante una afirmación directa que muestra que es lenguaje figurado (por ejemplo, "parábolas" como en Mt 13:3). Pero cuando estás tratando con lenguaje figurado las palabras deben ser interpretadas de una manera literal.

El principio literal asume que el intérprete tiene que comprender lo que las palabras significaron para la audiencia original dentro del contexto bíblico en el que se encuentran (el Testamento (Antiguo o Nuevo), libro y pasajes que están antes y después de dichas palabras), entendiendo su relación dentro de la frase/pasaje en la que se encuentran (sintaxis), así como en el caso de un pasaje como un todo, tal como fue señalado arriba bajo el principio de contexto. El estudio de cómo las palabras fueron usadas en el libro por el mismo autor, en el Testamento o Biblia misma y fuera de la Biblia, puede ser visto como estudiarlas en círculos concéntricos, desde el centro hacia afuera.[37]

Dentro del principio literal el género literario es un factor clave. El género puede ser definido como "un grupo de textos escritos marcados por características distintivas recurrentes las cuales constituyen un tipo

---

[36] Kaiser, *Preaching from the Old Testament*, 10.
[37] Kaiser, *Exegetical Theology*, 144.

de escritura reconocible y coherente".[38] En otras palabras, el género es el tipo de literatura con el que estamos tratando y es identificado por las características distintivas del texto.[39] Las dos categorías generales del género son prosa y poesía (o verso), y ambas tienen que ser identificadas correctamente para ser interpretadas correctamente. Así como en la plática diaria no podemos interpretar como prosa lo que alguien dice poéticamente.[40] Dicho de manera breve, en contraste con la prosa, la poesía está escrita en lineas con un ritmo, acompañadas de lenguaje figurado.[41] Los capítulos tres y cuatro explican con mayor detalle cómo debemos identificar e interpretar los diferentes géneros que se encuentran en la Biblia.

---

[38] John J. Collins, "Introduction: Towards the Morphology of a Genre," *Semeia* 14 (1979): 1.

[39] Tremper Longman III, "Form Criticism, Recent Developments in Genre Theory, and the Evangelical," *WTJ* 47, no. 1 (1985): 46–67. Ver tam bién Grant Osborne, "Genre Criticism—Sensus Literalis," *TJ* 4, no. 2 (Fall 1983): 9–16.

[40] Osborne, *Hermeneutical Spiral,* 26.

[41] Ronald L. Giese, Jr., "Strophic Hebrew Verse as Free Verse," JSOT 61, no. 61 (1994): 29–38.

Capítulo VI

Principios de hermenéutica para el Antiguo Testamento

Los cinco géneros presentados en esta sección son narrativa, ley, salmos, literatura sapiencial y profecía.

Principios clave para interpretar la narrativa

Hay una gran cantidad de porciones narrativas en el Antiguo Testamento. De hecho, "podrían constituir la mitad de ambos testamentos".[42] Por tanto, estos principios te ayudarán a estudiar una gran cantidad de pasajes en el Antiguo Testamento. Hay cuatro principios que debes mantener en mente conforme estudias pasajes narrativos.

En primer lugar, recuerda que el personaje primordial es Dios. Kaiser explica las implicaciones exegéticas de este principio:

> Esto no es sorprendente, ya que en casi toda porción narrativa Dios está presente de manera explícita o implícita. Por tanto, la atención del expositor debe centrarse en el papel de Dios en la narrativa. Esto nos recuerda que todos los esfuerzos por concentrarnos en el personaje humano en una historia, mientras que no identificamos las acciones de Dios en la narrativa, están mal... De la misma manera, una de nuestras preguntas clave al determinar la caracterización de una narrativa es: ¿Qué está Dios haciendo en esta escena? ¿Qué es lo que el escritor de esta Escritura está trantado de decir en la narrativa mediante su punto de vista en particular, conforme encaja con su propósito general al escribir?[43]

---

[42] Kaiser, *Preaching from the Old Testament,* 63.op
[43] Ibid., 70.

En segundo lugar, estudia porciones grandes del texto bíblico[44], para entender la trama en su totalidad. Mantén en mente que los pasajes narrativos siguen una trama simple: van de un punto pacífico, levantándose hacia un clímax y terminando de nuevo en una nota de paz.[45] Identificar estos elementos en la trama también pueden ayudarte a bosquejar la narrativa y de esta manera, mantener la unidad en su estructura.

En tercer lugar, no te saltes el contexto ni la intención del autor del pasaje, para alcanzar un mensaje o aplicación ligada a una palabra o frase aislada en el texto.[46]

En cuarto lugar, observa si el texto aprueba o desaprueba o meramente reporta las acciones de una persona. La pregunta de que si una acción está bien o mal, debe ser respondida por la enseñanza explícita de las Escrituras, no porque alguien actuó en una porción narrativa y no está claro si Dios la aprobó o no.[47] Un ejemplo clásico de esto es Rahab en Josué 2:4–6. Mientras que Hebreos 11:31 la usa como ejemplo de fe, nunca aprueba su mentira. De hecho, tanto el Antiguo (Éx 20:16) como el Nuevo Testamento (Col 3:9) enseñan que Dios siempre desaprueba la mentira.

Las palabras de Deuel llevan esta sección a una conclusión apropiada:

...una gran porción de las Escrituras es narrativa o semejante a narrativa. Debido a que la narrativa sigue una trama: (1) tiene impacto literario, (2) está organizada, (3) es eterna y universal, (4) expresa experiencia, y (5) es difícil de reducir. A la luz de estos factores, el expositor hace bien en mantener el formato de la trama.

[Estudiar]... la trama en su totalidad tiene la ventaja de guardar a uno de caer en por lo menos tres errores comunes en la interpretación de narrativa: (1) evadir la estructura unificadora de la narrativa por causa del concepto del formato del predicador, (2) buscar detalles en la narrativa meramente

---

[44] Scott J. Duvall, y J. Daniel Hayes, *Grasping God's Word: A Hands-On Approach to Reading, Interpreting, and Applying the Bible* (Grand Rapids: Zondervan Publishing, 2005), 224.

[45] Shimon Bar-Efrat, "Some Observations on the Analysis of Structure in Biblical Narrative," *VT* 30, no. 2 (1980): 165.

[46] Duvall y Hayes, *Grasping God's Word*, 231. Ver también: Sandy y Giese, *Cracking Old Testament Codes*, 86–87.

[47] Grudem, *Preach the Word*, 63.

para ilustrar el Nuevo Testamento y otros pasajes del Antiguo Testamento, y (3) limitar la narrativa a una reflexión ética de la ley.

Al... [estudiar]... narrativa, uno debe quitar las luces de los héroes... y colocarlas en el único personaje en el historia que es digno de alabanza: Dios. Quizás debido a ese enfoque, aquellos que predican harán de Dios el enfoque de la historia de sus vidas. Como resultado, la conducta humana probablemente también mejorará.[48]

¿Qué hay acerca de esos pasajes en el Pentatéuco que son narrativos, pero también incluyen leyes específicas para Israel? Este es otro género que repasaremos en la sección que veremos a continuación.

Principios clave para interpretar la Ley

La palabra "Ley" simplemente es otro término que se usa para referirse al Pentatéuco, el cual es primordialmente narrativa.[49] Si es primordialmente narrativa, ¿por qué no tratarlo como parte del género narrativo? Mientras que los principios para interpretar narrativa se aplican al Pentatéuco, también poseé características que son únicas y de esta manera, nos llevan a tratarlo de manera separada. De esta manera, la siguiente lista de seis características de este género, pueden ayudarte a interpretarlo correctamente:[50]

1. La ley del A. T. no es un mandato directo para nuestro día.
2. La ley del A. T. es la base del Antiguo Pacto, y por lo tanto de la historia de Israel.[51]

---

[48] David C. Deuel, "Expository Preaching from Old Testament Narrative," en *How to Preach Biblically*, ed. John F. MacArthur (Nashville: Thomas Nelson Publishers, 2005), 234–35.

[49] Kaiser, *Preaching from the Old Testament*, 141. Dentro de las porciones narrativas que describen la construcción del tabernáculo (Éx. 25–31; 35–40), hay instrucciones para los sacerdotes. Estas son leyes rituales para los sacerdotes, como es señalado por V. Hurowitz, "The Priestly Account of Building the Tabernacle," *JAOS* 105 (1985), 21–30.

[50] Fee y Stuart, *How to Read the Bible*, 163–64.

[51] E. Gerstenberger, "Covenant and Commandment," *JBL* 84 (1965): 46. Ver también: Patrick, D. "Casuistic Law Governing Primary Rights and Duties." *JBL* 92 (1973): 180–81. G.M. Tucker, "Covenant Forms and Contract Forms," *VT* 15, no. 4 (1965), 500.

3. La ley del A. T. no es obligatoria para el cristiano en el Nuevo Pacto, excepto donde es renovada de manera específica.[52]
4. La justicia, amor y santidad de Dios son reveladas en la Ley del A. T.
5. La esencia del la Ley del A. T. son los Diez mandamientos, resumidos en las dos leyes primordiales (Mt 22:36-40). Excepto por la ley del día de reposo (Col 2:16), estas son repetidas en el N. T.
6. La Ley del A. T. es un regalo generoso para Israel trayendo mucha bendición cuando es obedecida.[53]

Como señalamos al principio de esta sección, los pasajes narrativos y legales tienen semejanzas. En la siguiente sección, veremos otro género que es muy diferente de estos primeros dos: Salmos.

Principios clave para interpretar los Salmos

Cuando estudias los Salmos necesitas recordar que estás trabajando con expresiones poéticas de adoración.[54] Son ejemplos en dos areas: 1) cómo un creyente puede hablar y cantar a Dios[55]; y 2) cómo un creyente puede meditar acerca de Dios y lo que él ha hecho.[56] Veremos tres principios que necesitas mantener en mente conforme estudias los Salmos.

Primero, los Salmos se dividen en tres categorías: alabanza, gratitud y lamento.[57] El desarrollo del sermón debe seguir y enfocarse en una de estas tres categorías temáticas.[58]

Segundo, debido a que cada salmo normalmente expresa una unidad de pensamiento, sugerimos que... [estudies]... un salmo entero en un... [bloque].[59]

---

[52] Para un trato detallado de este tema, ver Wayne G. Strickland, ed., *The Law, the Gospel, and the Modern Christian: Five Views* (Grand Rapids: Zondervan Publishing, 1993).
[53] R.W. Pierce, "Covenant Conditionality and a Future for Israel," *JETS* 37, no. 1 (1994), 27–38.
[54] Fee y Stuart, *How to Read the Bible*, 204–5.
[55] Chisolm, *From Exegesis*, 225.
[56] Fee y Stuart, *How to Read the Bible*, 187.
[57] Duvall y Hayes, *Grasping God's Word*, 278.
[58] Ibid., 278.
[59] Ibid., 278.

Tercero, cuando... [estudies]... los salmos, recuerda que ya no estamos bajo el pacto mosáico, sino bajo el Nuevo Pacto.[60]

Desde el punto de vista de la poesía, el género que se relaciona con los salmos es literatura sapiencial. Veremos este género en la siguiente sección.

Principios clave para interpretar la literatura sapiencial

Antes de que veamos unos cuantos principios de interpretación para estos libros, necesitas evitar un error de interpretación que se comete con frecuencia. Los libros sapienciales se equilibran los unos a los otros teológicamente, y si alguno de ellos es leído fuera del contexto de los otros, pueden ser fácilmente malentendidos.[61] Por ejemplo, el libro de Job hace un fuerte contraste con Proverbios conforme muestra excepciones a las normas expresadas en Proverbios. Con esta advertencia en mente, repasaremos algunos principios que se aplican a cada libro en particular.

Cuando estudias Proverbios, recuerda los siguientes cuatro principios:[62]

1. Los Proverbios individuales reflejan principios generales de sabiduría, no verdades universales ni garantías legales de Dios que cubren todo aspecto de la vida.
2. Proverbios 1–9 y 30:1–31:31 son reflexiones acerca de la vida, seguidas de amonestaciones y ejemplos. El resto de Proverbios (capítulos 10–29) está constituido de varios proverbios que expresan una verdad de sabiduría, sin ningún orden aparente.
3. Frecuentemente son figurados, apuntando más allá de sí mismos.
4. Son expresados para ser memorables, no para ser precisos en términos técnicos.

Cuando estudies a lo largo de Job y Eclesiastés, asegúrate de que siempre estudies a la luz de los mensajes generales de cada libro.[63]

Finalmente, cuando estudias Cantar de Cantares, recuerda que el contexto es el matrimonio monógamo heterosexual. En este contexto

---

[60] Ibid., 283.
[61] Ibid., 274–75.
[62] Ibid., 225–26, 274–81.
[63] Ibid., 281–82.

ambos cónyuges se concentran en cómo pueden responder fielmente al atractivo de cada uno y satisfacer las necesidades el uno del otro.[64]

Estos principios pueden ayudarte a evitar errores de interpretación cuando estudias literatura sapiencial. En nuestra última sección, repasaremos varios principios relacionados con la profecía.

Principios clave para interpretar la profecía

Hay seis principios que debes mantener en mente conforme estudias pasajes proféticos en el Antiguo Testamento.

Principio número uno: los profetas usan la poesía para gran parte de su mensaje.[65]

Principio número dos: los libros proféticos son primordialmente colecciones de varios mensajes presentados por un profeta durante su ministerio.[66]

Principio número tres: una gran parte del ministerio de los profetas se enfoca en confrontar la desobediencia de Israel, junto con el juicio que le espera a la nación por su rebelión.[67] Normalmente los profetas no están anunciando algo nuevo, sino que más bien están exhortando a Israel a vivir en sumisión al pacto que ya había sido establecido.[68]

Principio número cuatro: un mensaje profético típico puede ser reducido a los siguientes tres temas:[69]

- Han violado el pacto: ¡Arrepiéntanse! (de idolatría, injusticia social o ritualismo religioso).
- Si no hay arrepentimiento, entonces viene el juicio.
- Sí, hay esperanza más allá del juicio para una restauración gloriosa y futura.

---

[64] Ibid., 230.
[65] Fee y Stuart, *How to Read the Bible,* 179–80.
[66] Duvall y Hayes, *Grasping God's Word,* 251.
[67] Houston Walter, "What Did the Prophets Think They Were Doing? Speech Acts and Prophetic Discourse in the Old Testament." *Biblical Interpretation* 1 (1993), 167.
[68] Fee y Stuart, *How to Read the Bible,* 167.
[69] Duvall y Hayes, *Grasping God's Word,* 252.

Principio número cinco: no apliques verdades del A. T. como si todavía estuvieras bajo la ley del A. T. También recuerda que no eres un profeta del A. T. Tú no recibes la revelación de Dios como un profeta en el A. T. la recibía, tú estudias y proclamas la revelación que Dios le dió a los profetas del A. T.[70]

Finalmente, principio número seis: recuerda que los pasajes proféticos pueden tener cumplimientos múltiples.[71] Entender este principio te ayudará a reconocer que una profecía que ha sido cumplida en el pasado de cierta manera, puede esperar un cumplimiento completo en el futuro (así como Joel 2 y Hechos 2 con Apocalipsis).

---

[70] Ibid., 262.
[71] Fee y Stuart, *How to Read the Bible*, 182.

Capítulo VII

Principios de hermenéutica para el Nuevo Testamento

Vamos a considerar varios principios dentro de los tres géneros del Nuevo Testamento, siguiendo el orden del canon: Evangelios y Hechos, Cartas y Apocalipsis.

Evangelios y Hechos

Al considerar los Evangelios y Hechos, necesitamos recordar que son primordialmente narrativa y por ende, los mismo principios que usamos para interpretar la narrativa del Antiguo Testamento se aplican a la narrativa del Nuevo Testamento, la única diferencia es que el personaje principal no es Dios el Padre sino Dios el Hijo.

Conforme estudias los Evangelios y Hechos, manten en mente que los autores humanos buscaron presentar un mensaje a sus lectores mediante la manera en la que conectaron los episodios. Como Mateo lo hizo al organizar su material, primordialmente de manera temática.[72]

Al trabajar en los Evangelios y Hechos, necesitas ser muy cuidadoso en identificar figuras de dicción, tales como hipérboles, metáforas, paralelismo y parábolas.[73] Conforme estudias los Evangelios y Hechos, mantén en mente lo siguiente:[74]

- Sé cuidadoso en... [entender]... el contexto literario e histórico del pasaje. Esto ayudará a tu congregación a identificarse con el pasaje.

---

[72] Terry G. Carter, J. Scott Duvall, y J. Daniel Hays, *Preaching God's Word: A Hands-on Approach to Preparing, Developing, and Delivering the Sermon* (Grand Rapids: Zondervan Publishing, 2005), 188–89.

[73] Ibid., 191.

[74] Ibid., 192–96.

- Toma tiempo para desarrollar los personajes principales mientras que eres honesto acerca de lo que es seguro y lo que podría ser posible.
- No enfatizes los detalles a expensas del punto principal de la narrativa.
- No pierdas el enfoque del corazón narrativo del pasaje. El corazón narrativo es el punto teológico de la historia, conforme es revelado a través de los personajes principales y la trama.

Cartas

Al entrar en las cartas del Nuevo Testamento, manten en mente los siguientes principios:[75]

- Las cartas fueron escritas para tratar con situaciones específicas enfrentadas por iglesias e individuos reales. Por ello, son ejemplos de teología aplicada a situaciones prácticas de la vida real.
- La apertura frecuentemente tiene pistas para interpretar la carta entera (por ejemplo, Pablo enfatizó su apostolado a la luz de la situación seria de concesión en Gálatas).
- [Estudia]... el contexto histórico y flujo de pensamiento del autor.
- Analiza las secciones pequeñas de texto en las que el argumento del autor se basa, tales como frases o incluso palabras. Pero ten cuidado con no perderte en detalles que en algunos casos quizás no ayuden a la congregación, tales como la raíz de la palabra o sus usos en otros pasajes.
- Al... [estudiar]... secciones pequeñas, mantén en mente el panorama general teológico.
- Recuerda que las implicaciones prácticas de un texto frecuentemente involucran cambios en la manera de pensar y no solo en las acciones.

Apocalipsis

Finalmente, conforme estudias Apocalipsis, debes recordar varios principios importantes:[76]

- Asegúrate de entender el contexto histórico del libro.
- Identifica imágenes simbólicas y consulta el contexto histórico y el Antiguo Testamento, para saber a qué apuntan las imágenes.

---

[75] Ibid., 172–83.
[76] Ibid., 205–15.

- Concéntrate en la idea principal sin perderte en los detalles.
- [Estudia]... por visiones o escenas, en lugar de hacerlo por versículos específicos.
- No uses una hermenéutica de periódico; esto es, tratar de relacionar acontecimientos actuales con el texto a expensas del contexto histórico.
- No impongas un sistema teológico predeterminado de escatología, deja que el texto determine el sistema y después confírmalo con el resto de las Escrituras.

Capítulo VIII
Errores comunes en la hermenéutica

En este capítulo, presentamos una lista de diecisiete errores hermenéuticos contemporáneos y comunes.[77] Aunque la lista no es exhaustiva, sí es útil para ayudarnos a evitar estos errores conforme estudiamos las Escrituras.

1. Probar textualmente: unir una serie inapropiada o no adecuada de versículos bíblicos para probar nuestra teología. Una ilustración de este error lo vemos en la postura pentecostal acerca de las lenguas. Refiriéndose a 1 Co 13:1, dicen que algunas

> … lenguas son idiomas humanos, como en el día de Pentecostés (para mostrar que el evangelio es para toda raza y nación); algunas lenguas son de origen celestial (de ángeles, usadas para alabanza y oración donde la mente es sobrepasada: I Cor 14:2; Rom 8:26, 27). Es importante saber que en estas lenguas de origen celestial el orador habla a Dios con misterios y que nadie lo entiende.

> Las lenguas como "señal" (I Co 14:22) pueden ser idiomas conocidos por los cuales se da testimonio al no salvo; debido a que el incrédulo puede conocer cualquiera de éstas lenguas, entonces debe haber, varias "clases." Si uno emplea lenguas sólo en la devoción privada, la clase de lenguas no es importante; probablemente serán lenguas nuevas o lenguas celestiales dadas por el Espíritu.

> No todos tienen el don de lenguas de 1 de Corintios, pero todos han recibido lenguas como evidencia de su bautismo.

---

[77] Richard Mayhue, *Cómo interpretar la Biblia uno mismo* (Grand Rapids: Editorial Portavoz, 1994). La lista es del Dr. Mayhue. Los ejemplos que ilustran cada error son míos.

Aquellos que tienen el don de lenguas pueden emplearlo para hablar con Dios en alabanza, para orar o cantar en el Espíritu, o para hablar en la congregación; sin embargo, las lenguas habladas públicamente deben ser interpretadas.[78]

Entonces, en resumen, la posición pentecostal dice:

1. Una vez que alguien ha nacido de nuevo, ahora necesita recibir el bautismo del Espíritu, para estar capacitado para servir.
2. La evidencia de ser bautizado por el Espíritu, es hablar en lenguas.
3. Esas lenguas son de origen celestial, mediante las cuales la persona le habla a Dios con misterios y nadie lo entiende.
4. En la práctica, estas supuestas lenguas celestiales, son una especie de balbucéo incoherente.
5. Además de esas lenguas celestiales, hay idiomas como en Hch 2, que son el don de lenguas, el cual requiere interpretación.

Para apoyar la idea de las lenguas celestiales, las supuestas lenguas incomprensibles, se apoyan primordialmente en 3 pasajes que vamos a explicar:

a) *Primera de Corintios 13:1-3*: "Si yo hablase lenguas humanas y angélicas, y no tengo amor, vengo a ser como metal que resuena, o címbalo que retiñe. Y si tuviese profecía, y entendiese todos los misterios y toda ciencia, y si tuviese toda la fe, de tal manera que trasladase los montes, y no tengo amor, nada soy. Y si repartiese todos mis bienes para dar de comer a los pobres, y si entregase mi cuerpo para ser quemado, y no tengo amor, de nada me sirve".

En este pasaje, cuando Pablo dice "lenguas angélicas" (vers. 1) no se refiere al don de lenguas. ¿Cómo lo sabemos? Porque en el contexto, está hablando de la necesidad de tener amor al ejercer dones espirituales.

Además, está hablando en términos hiperbólicos, para mostrar la prioridad del amor. Esto lo confirma el versículo 2, cuando Pablo afirma que si entendiera "todos los misterios y toda ciencia". ¿Quién es la única persona que puede conocer todo? Dios. El final del versículo 2 vuelve a

---

[78] Guy P. Duffield y Nathaniel M. Van Cleave, *Fundamentos de Teología Pentecostal: Segunda edición* (Bogotá: Editorial Desafío, 2006), 366-68.

mostrarlo al afirmar que tiene una capacidad perfecta de hacer lo imposible de trasladar "los montes". Y en el versículo 3 vuelve a remarcar que esto es hipotético, al decir que repartiera sus bienes de manera perfecta para alimentar a los pobres, incluso si se sacrificara a sí mismo, si no tuviera amor, no serviría de nada. Pero, ¿cómo puede alguien hacer esto último, sin tener amor? Porque lo podria hacer por motivos egoístas, no para glorificar a Dios y servir a otros de manera desinteresada. Esta era la actitud de los hipócritas de Mateo 6, que hacían obras buenas para llamar la atención a sí mismos.

De hecho, en ningún lugar de la Biblia se registra un idioma angelical que el ser humano puede aprender. Y es importante señalar que siempre que el Señor presenta a ángeles hablando o alabando en las Escrituras, siempre usan un idioma humano, comprensible por el ser humano. Esto refuerza la explicación de que la frase "lenguas angélicas" que Pablo usa en 1 Corintios 13:1 es algo hipotético, no real. No existen idiomas de ángeles que sobrepasan el entendimiento humano, como defiende la postura pentecostal.

b) *Romanos 8:26*: "Y de igual manera el Espíritu nos ayuda en nuestra debilidad; pues qué hemos de pedir como conviene, no lo sabemos, pero el Espíritu mismo intercede por nosotros con gemidos indecibles". Los "gemidos indecibles", según la postura pentecostal, se refiere al don de lenguas como balbuceo incomprensible.

Pero esto es un error, por lo menos, por dos razones. En primer lugar, la palabra griega traducida "gemidos", significa una tristeza no expresada verbalmente. Y encima de esto, esos gemidos son "indecibles". En griego, "indecibles" significa sin palabras, sin expresarse. Por lo tanto, no no pueden ser ruidos o balbuceos expresados por la boca. En segundo lugar, el que intercede con gemidos indecibles, es el Espíritu, no nosotros. Y se comunica con el Padre (como dice el versículo 27). Aunque el texto no nos explica cómo son esos gemidos, indica de manera clara que esto es una comunicación entre el Espíritu y el Padre y el Padre sabe lo que el Espíritu quiere y el Espíritu siempre intercede por nosotros conforme a lo que el Padre quiere (vers. 27). ¡Qué verdad tan consoladora para nosotros, como creyentes!

c) *1 Corintios 14:2*: "Porque el que habla en lenguas no habla a los hombres, sino a Dios; pues nadie le entiende, aunque por el Espíritu habla misterios". La palabra "lenguas" en griego es singular, es "lengua". Fuera de los versículos 27 y 28, como lo demuestra un análisis cuidadoso de cada versículo, estamos convencidos de que cuando el Espíritu Santo usa la palabra "lengua" en este capítulo, se refiere a la práctica de esa época en religiones falsas, de balbucear de manera incoherente.

Entonces, aquí en 1 Co. 14:2, dice que el que habla en balbuceo incoherente, "...no habla a los hombres, sino a Dios". Una mejor traducción de esta frase, es "a un dios", no "a Dios". Lo que está diciendo es que el que balbucea de manera incoherente, le está hablando a un dios falso, no al Dios verdadero. Y eso es lo que hacían muchos en Corinto antes de haber sido salvos: adoraban a dioses falsos, usando un balbuceo incoherente.

Y es importante señalar que desde Génesis hasta Apocalipsis, siempre que alguien le habla a Dios, es en un idioma humano normal. No hay un solo ejemplo en toda la Biblia, en donde una persona le hable a Dios en algún tipo de idioma incoherente o incomprensible.

Entonces, aquí en el versículo 2 dice que el que hablaba en un balbuceo incoherente, no le hablaba a los hombres, sino a un dios falso, "... pues nadie le entiende, aunque por el Espíritu habla misterios" (vers. 2). Aquí la palabra "Espíritu", se puede traducir "espíritu". Y se podría referir al espíritu humano o algún espíritu malo, un demonio. La idea es que el que hablaba con un balbuceo incoherente, incomprensible, le hablaba a un dios falso. Y la fuente de ese balbuceo, era la persona misma, su espíritu, o un espíritu malo, un demonio.

Solo había un solo tipo de lenguas. Las lenguas de Hch 2 y de 1 de Co. Eran idiomas. Por eso, cuando las lenguas eran habladas en la iglesia tenían que ser interpretadas por alguien con el don de interpretación para que los otros pudieran ser edificados por el mensaje dado por Dios (cp. 1 Co14:5,13,27).

Por tanto, la idea pentecostal de que hay diferentes tipos de lenguas, es erronea. Y esta idea equivocada esta basada en el error de interpretación de probar textualmente, entre otros errores.

2. Aislar: no interpretar un texto de la Escritura a la luz de su contexto. Un ejemplo de esto lo vemos en Daniel 12:4, en la frase, "la ciencia se aumentará". Es común encontrar a cristianos que dicen que ahí Dios profetizó que tendríamos la tecnología avanzada que tenemos en la actualidad. Pero eso no es lo que significa la frase. Como es claro desde el final de Daniel 11, el capítulo 12 explica lo que Dios hará con Israel durante el período futuro de la Tribulación de 7 años.

Y con ese contexto en mente, le dijo a Daniel: "Pero tú, Daniel, cierra las palabras y sella el libro" (Dn 12:4). Esto significa que Daniel tenía que guardar estas palabras de todo el libro de Daniel. Tenía que protegerlas, no alterarlas, sino preservarlas, "hasta el tiempo del fin" (vers. 4). Ese es el fin de los 7 años de la Tribulación futura, esto es, la semana 70 de Daniel 9:27. Esta frase muestra que Dios, en su gracia y soberanía, hará posible que el libro de Daniel esté disponible durante los 7 años de la Tribulación futura. La siguiente frase del versículo 4 dice, "Muchos correrán de aquí para allá". En hebreo, esta frase es un verbo que describe a alguien que está buscando algo.

¿Y qué estarán buscando? La respuesta está en la última frase de Daniel 12:4: "y la ciencia [a partir del hebreo, se puede traducir, "el conocimiento"] se aumentará". En contexto, la frase significa que en los siete años de Tribulación, habrá gente que buscará respuestas para entender por qué están viviendo todo ese sufrimiento, y su conocimiento se aumentará mediante el libro de Daniel.

3. Espiritualizar: la lectura de una verdad espiritual o histórica en un texto. Un ejemplo de este error lo vemos en una interpretación de Daniel 2:44 y 45. Este es un texto usado por algunos, para decir que el reino en ese pasaje se refiere a la iglesia y que el reino es espiritual, no físico. Sin embargo, esto es imposible a la luz de una interpretación literal gramático-histórica, como lo vamos a demostrar brevemente.

En este pasaje, Daniel le explicó a Nabucodonosor lo que soñó y lo que significó el sueño. Fue un sueño de una imagen humana hecha de varios metales (2:31-33). Cada parte de la imagen, representa un reino a partir de Babilonia (2:36 al 38). Y al llegar a los diez dedos de los pies de la imagen, Daniel explicó lo siguiente: "Y en los días de estos reyes". ¿Qué reyes? Esa coalición futura de diez reyes del imperio romano revivido, de los versículos 42 y 43. Según Dn 7, 9 y Ap 13, esos diez reyes estarán gobernando al final de los siete años de la Tribulación que están por venir en el futuro.

En esa época futura, cuando estén gobernando esos diez reyes, "el Dios del cielo levantará un reino que no será jamás destruido, ni será el reino dejado a otro pueblo; desmenuzará y consumirá a todos estos reinos, pero él permanecerá para siempre". El versículo 45 dice cómo es que el Dios del cielo levantará ese reino: "de la manera que viste que del monte fue cortada una piedra, no con mano, la cual desmenuzó el hierro, el bronce, el barro, la plata y el oro". Esta piedra es el Señor Jesucristo, como lo vemos a lo largo de la Biblia. Esto de que esta piedra no fue cortada con mano, se refiere a que su origen no es humano. Esto indica, implícitamente, que su origen es divino, porque él es Dios mismo. Este versículo describe la segunda venida del Rey de reyes. Daniel 2:44-45 es un resumen de Apocalipsis 19 al 22. Junto con otros pasajes, Dn 2:44-45 enseña que el reino del Señor no es la iglesia ni el reino es establecido por la iglesia, de manera gradual. Según este texto, el reino es establecido por Dios de manera súbita, dramática, después de destruir a las naciones, tal y como Ap 19 y 20 lo enseñan.

Entonces, en esa época futura de la Tribulación de siete años, como dice Ap 13, habrá una coalición de diez reyes. Y al final de esos siete años de la Tribulación, el Rey de reyes y Señor de señores, regresará y destruirá a los reinos terrenales (Ap 19) y establecerá su reino terrenal. Ese reino, según Ap 20, durará mil años. Y al final de esos mil años, destruirá esta tierra y estos cielos, y creará cielos nuevos y una tierra nueva, y reinará para siempre, como lo vemos en Ap capítulos 20 al 22. Y aunque Dios no reveló esos detalles en Dn 2, podemos ver cómo encaja perfectamente el panorama de Dn 2, con Ap. Digamos que en Dn 7, Ap, y otros pasajes, Dios nos explica los detalles de Dn 2:44-45.

Entonces, podemos resumirlo de esta manera: el reino del Señor, tiene dos etapas. La primera etapa, es la del reino terrenal, reinando mil años, el reino milenial aquí en la tierra, después de su segunda venida. Y la segunda etapa de su reino es el estado eterno. Y así como los primeros cinco reinos son físicos, así también el sexto., el del Señor, es físico, no espiritual. Entonces, el Señor reinará físicamente por mil años, aquí en la tierra y también por toda la eternidad, físicamente, en los cielos nuevos y tierra nueva.

4. Nacionalizar: ver nuestro país como el destinatario de promesas nacionales llevadas a cabo por Dios en la Biblia en favor de Israel. No podemos hacer esto porque la Palabra de Dios es clara en mostrar que la nación de Israel es única, debido a que Dios la ha escogido como su pueblo del pacto. En otras palabras, la nación de Israel es irremplazable. Así lo dijo el Señor en Deuteronomio 7:6-8:

> [6]Porque tú eres pueblo santo para Jehová tu Dios; Jehová tu Dios te ha escogido para serle un pueblo especial, más que todos los pueblos que están sobre la tierra. [7]No por ser vosotros más que todos los pueblos os ha querido Jehová y os ha escogido, pues vosotros erais el más insignificante de todos los pueblos; [8]sino por cuanto Jehová os amó, y quiso guardar el juramento que juró a vuestros padres, os ha sacado Jehová con mano poderosa, y os ha rescatado de servidumbre, de la mano de Faraón rey de Egipto.

Dios no los escogió porque había algo en Israel que los hacía superiores al resto de las naciones. De hecho, eran la nación, versículo 7, más insignificante de todas. Dios los escogió, versículo 8, porque decidió amarlos y estableció un pacto con Abraham, Isaac y Jacob.

En Romanos 10:21 vemos que Israel como nación ha rechazado continuamente a Dios. Y por esta razón, Pablo preguntó en Romanos 11:1, "Digo, pues: ¿Ha desechado [en griego, "rechazado" o "repudiado"] Dios a su pueblo?" A partir del griego, la idea de esa pregunta sería, "No ha rechazado Dios a su pueblo, ¿verdad?" Y en la última parte del versículo 1, Pablo respondió, "En ninguna manera [o, "en absoluto" o "¡Qué nunca sea así!"]. Porque también yo soy israelita, de la descendencia de Abraham, de la tribu de Benjamín". Pablo dijo, "Aqunue Israel ha rechazado a Dios, Dios no la ha rechazado. De hecho, yo, como creyente israelita, soy un ejemplo de que Dios no ha rechazado a Israel como nación". Y en Romanos 11:2-5, Pablo explicó que, así como en la época de Elías, en esta época Dios escogió a un remanente escogido por gracia para ser salvos. Y en el versículo 8 Pablo explicó que, hasta su día, incluyendo nuestro día, Israel como nación, está bajo el juicio de Dios. ¿Cómo se ve ese juicio? Israel rechazó a Dios como nación y Dios juzgó su rechazo endureciéndolos. Por eso, son espiritualmente insensibles.

Pero esto solo es temporal. No es permanente. Esto lo vemos en todo el capítulo de Romanos 11. Ahí Pablo explicó que el rechazo de Israel es parcial (vers. 1-10), reversible (vers. 11-24) y temporal (vers. 25-36). Una vez que Dios haya acabado de salvar al número exacto de gentiles que escogió para salvación, Dios quitará el endurecimiento judicial contra la incredulidad de Israel y salvará a la nación. Así lo dijo Pablo en Romanos 11:25b-26: "... ha acontecimido a Israel endurecimiento en parte hasta que haya entrado la plenitud de los gentiles; y luego todo Israel será salvo". Y eso será cuando el Señor regrese después de la tribulación futura de siete años, para establecer su reino milenial (vers. 26b y 27; cp. Ap caps. 19 y 20).

Debido que Dios no cambia, a que es fiel, Dios cumplirá su elección de Israel para establecer y cumplir el pacto que le hizo a Abraham. Por esto, el versículo 29 de Romanos 11, dice "Porque irrevocables son los dones [los beneficios que Dios le ha dado a Israel, en contexto, desde Romanos 9] y el llamamiento [relacionado a la elección unilateral, incondicional que Dios realizó al escoger a Israel] de Dios".

Entonces, es un error ver una nación como la destinataria de las bendiciones de Dios para Israel. Israel es una nación única escogida por Dios, irremplazable.

5. Mejorar: imponer el pensamiento contemporaneo sobre la Biblia. Un ejemplo de esto lo vemos en tratar de negar las 10 plagas de Éxodo capítulos 7 al 12. En 1957 y 58, G. Hort público dos artículos[79] en los que explicó que las plagas eran acontecimientos ecológicos naturales. Algunas de ellas, dijo él, fueron el resultado de fenómenos naturales que estaban ligados a la estación del año.

Sin embargo, las Escrituras demuestran que la idea de Hort es un error. Las plagas son actos milagrosos de Dios como lo vemos en tres áreas. En primer lugar, cada plaga fue anunciada antes de que sucediera. En segundo lugar, cada plaga fue más intensa en fuerza, conforme Dios enviaba más plagas (sangre, ranas, piojos, moscas, muerte del ganado, úlceras, granizo, langostas, oscuridad y muerte de los primogénitos). Y en tercer lugar, algunas plagas Dios dijo que las envió solo a los egipcios y no a los israelitas (como lo vemos en Éx 8:23; 9:4,6; 10:23).

Además, varias de las plagas fueron un ataque directo contra diferentes dioses de Egipto, porque atacaban elementos que se asociaban con algún dios egipcio. Por lo tanto, las plagas demostraron la superioridad del Dios de Israel sobre los dioses falsos, muertos, de Egipto. Y esto es importante, si recordamos que en la época de las plagas Egipto era la potencia mundial e Israel era un grupo de esclavos bajo el poder de Egipto.

---

[79] G. Hort, "The Plagues of Egypt," *ZAW* 69 (1957): 84–103; *ZAW* 70 (1958): 48–59.

6. Metodologizar: la interpretación de las Escrituras por medio de una teoría no probada del origen literario de la Biblia. Esto lo vemos reflejado en la manera en la que algunos comentaristas ven Génesis 22:1-19. Los críticos de fuentes lo ven como si el pasaje fue escrito por dos autores diferentes: el Elohista es responsable por los versículos 1 al 14 y 19, mientras que el Yahwista (o un redactor que vino después, como ellos dicen) es responsable por los versículos 15-18.[80]

Mientras que este argumento está basado en el uso del nombre *Elohim,* los versículos 15 al 18 son vistos como un texto que tiene un estilo literario diferente y son considerados como secundarios.[81] Pero hay tres lineas de argumento que rechazan la propuesta presentada por los críticos de las fuentes.[82]

En primer lugar, el nombre *Yahweh* aparece en los versículos 1 y 14 (dos veces en este último), un pasaje que supuestamente fue escrito por el Elohista. Los críticos de fuentes intentan rechazar este argumento en su contra, al atribuirle estas ocurrencias a un redactor que revisó el pasaje después. El problema con esta explicación es que el lugar en el versículo 14 que usa el nombre de *Yahweh*, es crucial para los versículos 1 al 14.

En segundo lugar, los versículos 15 al 18 explican el propósito de la prueba que es una reafirmación de la promesa hecha a Abraham en Génesis 12:1-3.[83] Por lo tanto, los versículos 2 y 15 al 18 apuntan al mismo autor que tiene el 12:1-3 en su mente. En tercer lugar, la evidencia de las repeticiones a lo largo de los versículos 1 al 19, muestra el diseño de un autor.

7. Acomodar: ver la Escritura a través de los lentes de la razón humana. En otras palabras, sujetar la interpretación a la razón humana, lo cual termina haciendo que la razón humana, no la Escritura, sea la autoridad.

---

[80] Gerhard Von Rad, *Genesis,* trans. by John H. Marks (Philadelphia: Westminster Press, 1961), 238, 242.

[81] Claus Westermann, *Genesis 12–36: A Commentary,* trans. by John J. Scullion (Minneapolis: Augsburg Publishing House, 1985), 354, 363.

[82] Kenneth A. Mathews, *Genesis 11:27–50:26,* NAC 1B (Nashville: Broadman & Holman Publishers, 2005), 286-87. Ver también, Victor P. Hamilton, *The Book of Genesis: Chapters 18-50,* NICOT (Grand Rapids: Willam B. Eerdmans Publishing, 1995), 99.

[83] Gordon Wenham, *Genesis 16–50,* WBC 2 (Waco, TX: Word Books, 1994), 101-03.

Una ilustración de esto, lo vemos en el pasaje que mencionamos en el punto anterior.

En Génesis 22:2, Dios le pidió a Abraham que matara y quemara completamente a Isaac, como un acto de obediencia a él. A esto se refiere la palabra "holocausto" en hebreo. Según Génesis 17:19, Dios le había prometido a Abraham que sería mediante este hijo, Isaac, que el Señor cumpliría las promesas que le había hecho al patriarca.

Desde el punto de vista de la razón humana podríamos rechazar esta interpretación por dos razones. En primer lugar, ¿cómo podría Dios cumplir sus promesas mediante Isaac si Abraham mataba a Isaac? En segundo lugar, ¿cómo podría Dios pedirle esto a Isaac cuando siglos después él mismo condenó el sacrificio humano, especialmente de niños (Dt 12:31; 18:10)?

Pero no podemos tratar de acomodar la interpretación que explicamos al principio de este punto a nuestra razón humana. Es claro lo que Dios pidió y su integridad no está en juego porque él tiene la prerrogativa de probar conforme a sus propósitos perfectos. Y en el resto del capítulo vemos una muestra de esto reflejada en su provisión del carnero y sus promesas de bendición por la obediencia de Abraham. Además, el Señor usó esta prueba para demostrar la fe ejemplar de Abraham, como un modelo de fe salvadora verdadera para generaciones futuras (cp. He 11:17-19; Stg 2:21-23).

8. Culturalizar: limitar un texto bíblico a una época específica de la historia o de la cultura. Este error de interpretación lo podemos ver ilustrado con Éxodo 28:1, en donde el Señor le dijo a Moisés: "Harás llegar delante de ti a Aarón tu hermano, y a sus hijos consigo, de entre los hijos de Israel, para que sean mis sacerdotes; a Aarón y a Nadab, Abiú, Eleazar e Itamar hijos de Aarón". Dios no le dijo a Moisés que había escogido a Aarón y sus hijos y sus hijas. Dios escogió únicamente como sacerdotes, como líderes espirituales, a Aarón y sus hijos; únicamente a hombres, no a mujeres.

Y aunque ciertamente eso fue específicamente para Israel, en esa época, bajo la ley, el principio de liderazgo espiritual masculino no está limitado por esa época de la historia ni la cultura de ese día. ¿Cómo sabemos eso? Porque toda la Escritura lo enseña. No porque la mujer sea inferior al hombre, sino porque esto es un indicador de un principio que vemos en todas las Escrituras.

Dios creó al hombre y a la mujer con la misma naturaleza, pero con funciones diferentes (Gn 1-2). Y este liderazgo espiritual que le asignó al hombre lo vemos con Adán (Gn 2:16-17); con los sacerdotes en Éx. 28:1; con los profetas: todo profeta con un ministerio continuo, fue hombre (por ej., todos los libros de los profetas en el A. T. fueron hombres). Esto también lo vemos con los escritores de la Biblia, todos hombres. Inclusive los que no conocemos, por tradición, son hombres. Ese liderazo espiritual también lo vemos con los 12 apóstoles; los maridos en su casa (1 Co 14:35) y los pastores, que deben ser hombres (1 Ti 2:11-15; 3:2, "marido de una sola mujer").

9. Redefinir: asignar nuevas definiciones a términos bíblicos históricamente aceptados para apoyar la teología de una persona. Esto lo vemos en cómo algunos redefinen la palabra "día" en Génesis 1 y dicen que se refiere a épocas largas de muchos años. Pero es imposible hacer eso a partir del hebreo.

En Génesis 1:5 dice, "Y llamó Dios a la luz Día, y a las tinieblas llamo Noche. Y fue la tarde y la mañana un día". Esto indica que la rotación de la tierra inició. Y por esto, el primer día de 24 horas en la semana de 6 días de la creación fue establecido (Gn 1). Sabemos que fue un día literal de 24 horas porque la palabra "día", *yom* en el hebreo, cuando va acompañado de adjetivos numéricos siempre se refiere a un período de 24 horas. Esto lo vemos confirmado por Éxodo 20:8-11:

[8]Acuérdate del día de reposo para santificarlo.

[9]Seis días trabajarás, y harás toda tu obra;

[10]mas el séptimo día es reposo para Jehová tu Dios; no hagas en él obra alguna, tú, ni tu hijo, ni tu hija, ni tu siervo, ni tu criada, ni tu bestia, ni tu extranjero que está dentro de tus puertas.

[11]Porque en seis días hizo Jehová los cielos y la tierra, el mar, y todas las cosas que en ellos hay, y reposó en el séptimo día; por tanto, Jehová bendijo el día de reposo y lo santificó.

10. Definir erróneamente: definir palabras bíblicas en nuestra traducción de la Biblia de acuerdo con un diccionario contemporaneo. Ilustremos este error con un pasaje que presenta los materiales con los que Israel debía contribuir, para construir el tabernáculo. Y observa que lo que entendemos a la luz de un diccionario contemporaneo con varias de estas palabras no es lo que Dios dijo. Estos eran los materiales que Dios mandó a Israel que trajesen: "Esta es la ofrenda que tomaréis de ellos: oro, plata, cobre [en hebreo, bronce]" (Éx 25:3). ¿Qué tipo de materiales son estos? Metales.

En el versículo 4 encontramos otro tipo de materiales, estas son telas teñidas de diferentes colores: "azul [en hebreo, lana morada]". Esta tela era teñida con una sustancia producida por un colorante se extraía de los caracoles murex (un caracól marino, carnívoro, que se encuentra en regiones rocosas y de corales). Esta tela llamada aquí "azul" en Éx 25:4 era muy cara. Por eso, vemos esta tela azúl o en otros textos llamada púrpura:

- en la ropa de los sacerdotes (Éx 39:3);
- en la tela que se usaba para cubrir el altar cuando se movía (en Nm 4:13);
- en la ropa de los reyes madianitas (Jue 8:26);
- en la ropa que usaba el rico (Lc 16:19).

11. Mistificar: el uso de códigos numéricos supuestamente escondidos en las palabras de la Escritura o de significados verbales escondidos, extraídos de las palabras y oraciones de la Escritura. Esto lo vemos, por ejemplo, en el uso de los valores numéricos de las letras hebreas, para encontrar significados "ocultos". No hay ningún ejemplo ni exhortación en las Escrituras, para seguir esta práctica.

12. Literalismo: ignorar el lenguaje figurado y de esta manera llegar a conclusiones literales inaceptables. Por ejemplo, es un error pensar que el Señor mandó que nos sacaramos el ojo derecho en Mateo 5:29. Esto es lo que dice el pasaje:

> [28]Pero yo os digo que cualquiera que mira a una mujer para codiciarla, ya adulteró con ella en su corazón. [29]Por tanto, si tu ojo derecho te es ocasión de caer, sácalo, y échalo de ti; pues mejor te es que se pierda uno de tus miembros, y no que todo tu cuerpo sea echado al infierno.

Este es lenguaje figurado, no literal. Esto lo vemos, por lo menos, en dos observaciones. En primer lugar, ¿acaso el ojo izquierdo no es problema? ¿Solo el derecho? En segundo lugar, incluso si te sacaras el ojo o te amputaras ciertas partes del cuerpo, seguirías con deseos pecaminosos porque el problema no está en los miembros en sí, sino en tu corazón, en esos deseos pecaminosos. A esto apunta el Señor en el versículo 28, cuando dice, "ya adulteró con ella en su corazón". Lo que el Señor manda en Mateo 5:29, es tomar las medidas que sean necesarias, para evitar la tentación. Y esa determinación por tomar esas medidas, proviene de un corazón, de un anhelo por honrar al Señor. Un buen ejemplo de esto es Job, cuando dijo en Job 31:1, "Hice pacto con mis ojos; ¿Cómo, pues, había yo de mirar a una virgen?"

13. Legalismo: el énfasis extremo de la letra de la Palabra de Dios a expensas de su espíritu. Los escribas y los fariseos son una ilustración de este error. El Señor los denunció con una claridad incomparable en Mateo 23:23: "¡Ay de vosotros, escribas y fariseos, hipócritas! Porque diezmáis la menta y el eneldo y el comino, y dejáis lo más importante de la ley: la justicia, la misericordia y la fe. Esto era necesario hacer, sin dejar de hacer aquello".

14. Generalizar: suponer que cualquier experiencia histórica específica registrada en la Escritura es una expectativa válida y general para el día de hoy. Una ilustración de esto lo vemos en Hechos 14:26. Aquí Pablo y Silas estaban cantando y orando en el versículo 25 y el versículo 26 dice: "Entonces sobrevino de repente un gran terremoto, de tal manera que los cimientos de la cárcel se sacudían; y al instante se abrieron todas las puertas [probablemente cerradas con barras que se cayeron], y las cadenas de todos se soltaron [probablemente pegadas a la pared, pero se zafaron]".

No fue "casualidad" el temblor, sino que Dios lo causó en el momento en el que estaban orando y cantando e hizo que todas las puertas se abrieran y las cadenas fueran soltadas. Esto es un verdadero milagro. Igual que Dios liberó milagrosamente a los Apóstoles de la cárcel en Hch 5 y a Pedro en Hch 12. Y aquí el Señor vuelve a liberar a otro Apóstol, Pablo, junto con Silas. A pesar de que varios hombres y mujeres fueron encarcelados, Hechos únicamente registra tres liberaciones milagrosas y en las tres había Apóstoles presentes.

Como lo vemos a lo largo del libro de los Hechos, esto confirma que los milagros fueron algo excepcional que Dios usó en conexión con los Apóstoles y personas cercanas a ellos, para fortalecer su ministerio en una época en la que el evangelio apenas comenzaba a extenderse y el Nuevo Testamento no había terminado de ser escrito. Una vez que el Nuevo Testamento fue completado y los Apóstoles murieron, se acabaron estas intervenciones milagrosas porque terminó una época histórica de revelación. Esta verdad es confirmada por el resto de la Biblia: Dios solo hizo milagros de manera concentrada en épocas excepcionales de revelación, como la de Moisés, Elías y Eliseo, Daniel, Jesús y los apóstoles y en el futuro, en la Tribulación futura en Apocalípsis.

Entonces, en nuestra época no debemos este tipo de liberaciones milagrosas. No puedes tomar este pasaje y esperar un temblor y que algo milagroso suceda mientras oras y alabas a Dios. Pero sí podemos y debemos orar fielmente por hermanos en necesidad y de acuerdo con su voluntad perfecta, Dios puede sacar a hermanos de situaciones difíciles en respuesta a la oración fiel, constante de la iglesia, aunque no de manera milagrosa, sino providencial.

15. Hacer de la experiencia norma: el razonamiento que afirma que si alguna experiencia ha ocurrido en la Escritura y yo tengo la misma experiencia entonces debe ser de Dios. Este es un error tan común como peligroso. Una ilustración no lejana de la realidad la encontramos en Hechos 10:9-15. En este pasaje, Pedro fue a orar pero tuvo mucha hambre porque era la hora de la comida. Y mientras le preparaban algo de comer el Señor le dio una visión para explicarle algo muy importante. Pero no podemos tomar este pasaje y pensar que si tenías hambre y estabas orando y pensaste que debes hacer algo es porque Dios te habló.

Como ya hemos explicado antes, Hechos es un libro descriptivo, no normativo. Además, como cualquier otro libro de las Escrituras, tenemos que entender primero la intención del autor al haber escrito este pasaje. Y para comprender esa intención debemos recordar que en el contexto de Hechos 9 Dios estaba por salvar a gentiles a través de la predicación del evangelio mediante un judío, Pedro.

En esta visión, Dios le estaba mostrando a Pedro que en lugar de ver a los gentiles como algo abominable (vers. 28), debía verlos al mismo nivel espiritual que los judíos. ¿Por qué? Porque, mediante la muerte de Cristo tanto judío como gentil podían ser parte del mismo cuerpo de Cristo, la iglesia. Es cierto que en este pasaje vemos que Dios quitó la ley alimentaria del Antiguo Testamento, todas las restricciones que les había dado a los judíos bajo la ley mosáica (cp. Lv 11). Pero, sobre cualquier otra verdad, este pasaje muestra que los judíos y los gentiles serían uno mediante la muerte de Cristo, tal como Pablo lo confirma en Efesios 2:11-19.

16. Dogmatizar: la interpretación rígida que comienza al usar una doctrina predeterminada de la tradición. Una ilustración de este error es visto en muchas iglesias con el asunto de la fornicación. Aunque la idea en muchos casos seguramente está motivada por honrar al Señor demuestra un error de interpretación. Esta idea está basada en pasajes como Éxodo 22:16 y 17 y el razonamiento es este: "Si dos solteros fornican y la mujer queda embarazada, se tienen que casar".

Hay por lo menos, tres problemas con esta idea. En primer lugar, el versículo 17 le da la opción al padre de no permitirle a su hija casarse con ese hombre. En segundo lugar, el texto no dice nada de que la mujer quedó embarazada. Y en tercer lugar, esto fue dado para la nación de Israel, bajo el Antiguo Pacto. Y en ningún lugar del Nuevo Testamento se repite este mandamiento para la época de la iglesia, en la que el Antiguo pacto ha sido reemplazado por el Nuevo Pacto y cumplido por el Señor Jesucristo.

17. Dispensacionalizar: el énfasis extremo de las variaciones en la economía de la redención de Dios a lo largo de la historia y una minimización de la persona inmutable de Dios. Una de las ideas mejor conocidas que reflejan este error de interpretación es la siguiente: "En el Antiguo Testamento se salvaban por obras, guardando la ley, pero en el Nuevo Testamento, por gracia por la fe, no por obras". Romanos 4 y Hebreos 11, demuestran claramente que la salvación siempre ha sido mediante la fe únicamente, mediante la gracia únicamente, en base a los méritos de Cristo únicamente.

Probablemente el texto más usado para apoyar la idea equivocada de que la salvación era por obras en el Antiguo Testamento y por fe en el Nuevo, es Romanos 6:14: "Porque el pecado no se enseñoreará de vosotros". Aquí Pablo resumió lo que dijo en los versículos 1 al 11 de Romanos 6. Y en los versículos 12 y 13, les dijo, "Obedezcan a Dios, no pequen". Y en el versículo 14 les dice, "Podemos hacer esto, porque el pecado no se enseñoreará de ustedes, esto es, el pecado ya no tiene control sobre ustedes, como cristianos".

¿Y por qué razón es que el pecado ya no tendrá control sobre ustedes? El versículo 14 continua, "...pues no estáis bajo la ley...". Esta palabra "bajo..." tiene la misma idea de "bajo pecado" del 3:9. Ya no estamos bajo el poder o la esclavitud de la ley mosáica. Ya no estamos bajo la condenación de la ley, ya no estamos bajo la maldición de la ley. Esto significa que ya no vivimos como cuando no éramos salvos, cuando la ley mostraba lo pecaminosos que éramos (Ro 3:20; 5:20). Ya no vivimos con la ley mostrándonos lo grande que es nuestro pecado, condenados por la ley, al contrario, al final del versículo 14, "...sino bajo la gracia". Ahora, como cristianos, Dios por su gracia nos ha salvado y nos ha librado de la condenación y autoridad del pecado. Ya no estamos en Adán, ya no vivimos bajo la condenación de la ley, sino en Cristo, bajo la gracia que nos ha liberado de esa condenación. Y por eso, ya no somos esclavos al pecado y podemos obedecer a Dios.

Evitar estos errores, te evitará también errores en la aplicación de la palabra de Dios. Y esto nos lleva al último capítulo de este manual.

Capítulo IX
La aplicación y la hermenéutica

Una vez que entendemos la intención del autor, ahora debemos preguntar, "¿Cómo aplico esto a mi vida?" Para ayudar en este paso, podemos aplicar el siguiente proceso para identificar implicaciones prácticas:[84]

1. Entiende la intención del autor original.
2. Identifica las diferencias entre las audiencias.
3. Identifica los principios teológicos.
4. Asegúrate de que los principios son universales.
5. Filtra los principios a través de las epístolas del N. T.

Las repasaremos en detalle en el resto de este capítulo.

Entiende la intención del autor original

Primero, entiende la intención del autor original. En otras palabras, ¿qué quiso el autor que la audiencia original entendiera? Esta es la meta del proceso exegético descrito en los capítulos tres, cuatro y cinco. Grudem subraya la importancia de este paso al recordarnos que a menos de que "primero anclemos nuestra interpretación en lo que el autor original quiso que los lectores originales entendieran, no habrá límite para la variedad de... interpretaciones incorrectas que no tienen nada que ver con el significado correcto del texto".[85]

---

[84] Duvall y Hayes, *Grasping God's Word,* 336–43.
[85] Grudem, *Preach the Word,* 67.

Identifica las diferencias entre las audiencias

En segundo lugar, identifica las diferencias teológicas/contextuales entre la audiencia original y la audiencia contemporánea. Por ejemplo, si estás estudiando un pasaje en Levítico, recuerda que la audiencia original estaba bajo el pacto mosaico y tú no. Recuerda que toda la historia puede ser dividida en varias "épocas" en la historia de la salvación.[86] Por tanto, debemos leer cada pasaje de la Biblia teniendo presente una línea de tiempo de la historia de la salvación y recordar constantemente en dónde encaja cada pasaje en dicha línea. Por ejemplo, debido a que la época de la iglesia comenzó en Pentecostés y termina en el Rapto, vemos una aplicación directa de los mandamientos morales de las epístolas del Nuevo Testamento.[87] ¿Por qué? Porque estamos más cercanos a los lectores de Pablo en el primer siglo, que al pueblo judío del ministerio de Jesús porque este último todavía estaba bajo el Antiguo Pacto.[88]

Identifica los principios teológicos

En tercer lugar, identifica los principios que son enseñados en el texto. Hay preguntas que te pueden ayudar a determinar el principio teológico. Por ejemplo, ¿acaso el autor afirma directamente un principio? ¿Acaso el contexto más amplio presenta un principio teológico? ¿Por qué es que el autor bíblico dio este mandato?

Asegúrate de que los principios son universales

En cuarto lugar, conforme identificas los principios teológicos necesitas asegurarte de que son universales. ¿Qué significa esto? No deben estar limitados por la historia o la cultura. En otras palabras, deben ser enseñados a lo largo de las Escrituras y, de esta manera, deben ser relevantes tanto para la audiencia del A. T. como para la audiencia del N. T.[89]

---

[86] *Ibid.*, 71.

[87] Este ejemplo refleja que esta obra está escrita primordialmente para personas que apoyan una escatología pretribulacionista premilenalista. Esto significa que ciertos pasajes no serán interpretados y aplicados de la misma manera por parte de intérpretes que estudian el texto desde una posición escatológica diferente.

[88] Grudem, *Preach the Word*, 71–72.

[89] Duvall y Hayes, *Grasping God's Word*, 341–42.

Filtra los principios a través del Nuevo Testamento

En quinto lugar, ¿qué enseña el N. T. acerca de este principio?[90] ¿El N. T. modifica o apoya este principio? Asegúrate de que el principio teológico que encontraste en el pasaje que estás estudiando no solo se enseña a lo largo de las Escrituras, sino asegúrate de "filtrarlo" a través de las epístolas del N. T.[91] Una vez que has tomado estos cinco pasos, ahora estás listo para presentar las implicaciones prácticas del principio universal a la audiencia contemporánea.

Ejemplos de la aplicación y la hermenéutica

A continuación, te presento cuatro ejemplos que ilustran los principios anteriores, tomados de varios sermones que he predicado.

Un ejemplo de 2 Samuel

En 2 Samuel 11:2-4, leemos:

> [2]Y sucedió un día, al caer la tarde, que se levantó David de su lecho y se paseaba sobre el terrado de la casa real; y vio desde el terrado a una mujer que se estaba bañando, la cual era muy hermosa.

> [3]Envió David a preguntar por aquella mujer, y le dijeron: Aquella es Betsabé hija de Eliam, mujer de Urías heteo.

> [4]Y envió David mensajeros, y la tomó; y vino a él, y él durmió con ella. Luego ella se purificó de su inmundicia, y se volvió a su casa.

¿Cómo podemos aplicar este pasaje a nuestra vida en esta época?

1. Entiende la intención del autor original. En este pasaje, el Espíritu Santo explica por qué David no podía ser el rey prometido de 2 S. 7. David fue un hombre adúltero. Y estos versículos son la base para entender por qué en el resto de 2 Samuel, David vivió bajo el juicio de disciplina del Señor.

---

[90] *Ibid.,* 342–43.
[91] *Ibid.*

2. Identifica las diferencias entre las audiencias. Dado que estas palabras fueron escritas entre el 931 y el 722 a. C., los israelitas que escucharon este pasaje por primera vez habrían sido parte del reino dividido. Vivían bajo el antiguo pacto, en la época de la monarquía israelita. Estaban acercándose al juicio de Dios contra su pecado, que usaría a la nación de Asiria para conquistar las diez tribus del norte.

3. Identifica los principios teológicos. David no tuvo el nivel de perfección de su descendiente, el Hijo de David. Y esto es evidente en el hecho de que cedió a la tentación en lugar de huir de ella.

4. Asegúrate de que los principios son universales. Ningún rey humano está al nivel de perfección del rey de reyes. Por eso, todo rey peca, incluido David. Esto es evidente en el hecho de que la tendencia pecaminosa de todo rey, y todo ser humano, es ceder en vez de huir de la tentación —sea sexual o de cualquier otro tipo—.

5. Filtra los principios a través de las epístolas del N. T. Solo Cristo es perfecto en su resistencia a la tentación: "Porque no tenemos un sumo sacerdote que no pueda compadecerse de nuestras debilidades, sino uno que fue tentado en todo según nuestra semejanza, pero sin pecado" (He. 4:15). Por esto, Dios solo nos acepta sobre la base de los méritos de Cristo, únicamente mediante la fe arrepentida en Cristo y su vida, muerte y resurrección. Además, si enfrentamos la tentación como David, terminaremos pecando como él; esto es lo opuesto de lo que propone Romanos 13:13, 14:

> [13]Andemos como de día, honestamente; no en glotonerías y borracheras, no en lujurias y lascivias, no en contiendas y envidia,

> [14]sino vestíos del Señor Jesucristo, y no proveáis para los deseos de la carne.

Entonces, para enfrentar la tentación sexual (o de cualquier otro tipo), no debemos ceder, sino huir de ella, tal como nos instruye 1 Corintios 6:18: "Huid de la fornicación. Cualquier otro pecado que el hombre cometa, está fuera del cuerpo; mas el que fornica, contra su propio cuerpo peca". El Señor reafirmó este principio con estas palabras en Mateo 5:27-29:

²⁷Oísteis que fue dicho: No cometerás adulterio.

²⁸Pero yo os digo que cualquiera que mira a una mujer para codiciarla, ya adulteró con ella en su corazón.

²⁹Por tanto, si tu ojo derecho te es ocasión de caer, sácalo, y échalo de ti; pues mejor te es que se pierda uno de tus miembros, y no que todo tu cuerpo sea echado al infierno.

Un ejemplo del Salmo 23

El Salmo 23:1 dice estas conocidas y hermosas palabras: "Jehová es mi pastor; nada me faltará".

¿Cómo podemos aplicar este pasaje a nuestra vida en esta época?

1. Entiende la intención del autor original. David escribió este Salmo probablemente cerca del año de su muerte (971 a. C.). Y lo hizo aparentemente al recordar cómo el Señor lo bendijo a lo largo de su vida. El versículo 1 es la base del resto del Salmo 23. Los versículos 2 al 6 desarrollan la idea central expresada en el versículo 1.

2. Identifica las diferencias entre las audiencias. Los israelitas que leyeron en un primer momento el Salmo 23 se encontraban bajo el Antiguo pacto, en la época de la monarquía. Dado que el motor de la economía israelita de esa época estaba basado en la agricultura y la ganadería, presentar a Jehová como el pastor de David habría sido una imagen conocida para ellos: un pastor que guía y cuida a sus ovejas.

3. Identifica los principios teológicos. Debido a que el nombre que David usa en hebreo, traducido como *Jehová*, apunta a que Él es el Dios eterno, autosuficiente, inmutable, que guarda el pacto, esto implica que Dios posee todo recurso espiritual y material. Por lo tanto, si alguien como David puede llamarlo "mi pastor" (en otras palabras: tiene una relación personal con Él), es porque no le faltará nada ya que Jehová se lo proveerá.

4. Asegúrate de que los principios son universales. En hebreo, el nombre *Jehová* está basado en el nombre *YO SOY* (Éx. 3:14). Como explicamos en el punto anterior, por definición Jehová es inmutable: siempre posee el mismo nivel infinito de recursos espirituales y materiales para proveer a todos los creyentes.

5. Filtra los principios a través de las epístolas del N. T. En Juan 8:58, el Señor afirmó: "Antes que Abraham fuese, yo soy". Hebreos 13:8 dice que "Jesucristo es el mismo ayer, y hoy, y por los siglos". ¿Cómo es esto posible? Porque Jesucristo es Jehová, el gran YO SOY. De hecho, Él también dijo: "Yo soy el buen pastor" (Jn. 10:14). Él es el pastor del Salmo 23:1.

El Señor Jesucristo fue el pastor de David en el Salmo 23:1. En esta época, que comenzó en Hechos 2, la época de la iglesia, también es el pastor de los creyentes gentiles (Jn. 10:16) y los creyentes judíos que son parte de su cuerpo, la iglesia (Ef. 2:11-22). De esta manera, Él sustenta y cuida a su iglesia (Ef. 5:29). Por eso, todo cristiano puede estar seguro de que no le faltará ningún recurso material ni espiritual para vivir como agrada al Señor por el tiempo que Él quiera que viva aquí en la tierra. Y ya en la gloria, disfrutará de manera plena de toda bendición espiritual en Cristo (Ef. 1:3).

Un ejemplo de 2 Timoteo

Como explicamos al principio de este capítulo, cuando entramos al Nuevo Testamento —y en particular, a las epístolas—, la aplicación al cristiano es directa en muchos casos. Pero veamos dos ejemplos del Nuevo Testamento, uno en 2 Timoteo y otro en Apocalipsis. En 2 Timoteo 3:15 dice:

> [15]y que desde la niñez has sabido las Sagradas Escrituras, las cuales te pueden hacer sabio para la salvación por la fe que es en Cristo Jesús.

¿Cómo podemos aplicar este pasaje a nuestra vida en esta época?

1. Entiende la intención del autor original. En esta última carta que Pablo escribió en el Nuevo Testamento, Pablo le mandó a Timoteo que fuera fuerte (2:1) y predicara la Palabra (4:2). Estos dos mandatos resumen toda la carta. Pero en el capítulo 3, le explicó cómo cumplir con estos mandatos en un ambiente de falsos maestros. Timoteo tenía que reconocerlos, evitarlos (3:1-9) y continuar siguiendo la vida y la enseñanza de Pablo (3:10-14). Esa enseñanza estaba en línea con lo que Timoteo había aprendido desde la niñez.

2. Identifica las diferencias entre las audiencias. Timoteo fue el discípulo amado de Pablo (1:2); se encontraba en una situación difícil porque estaba acobardándose y avergonzándose de Pablo y del evangelio. ¿Por qué? Porque Pablo mismo estaba en la cárcel por haber sido fiel (1:6-8). Timoteo fue hijo de un padre incrédulo y una madre creyente, y también tuvo una abuela creyente (Hch. 16:1; 2 Ti. 1:5).

3. Identifica los principios teológicos. El cristiano puede llegar a acobardarse y avergonzarse del evangelio y de hermanos en la fe que están sufriendo por ser fieles. Al igual que Timoteo, necesita recordar el ejemplo de hombres fieles y la enseñanza cierta de la Palabra de Dios para corregir su cobardía y vergüenza (incluso habiendo recibido esa enseñanza desde niño).

4. Asegúrate de que los principios son universales. Debido a que todos los cristianos tenemos pasiones semejantes a las de Timoteo, podemos enfrentar y corregir las mismas cuestiones que enfrentó Timoteo y de la misma manera.

5. Filtra los principios a través de las epístolas del N. T. Además de las aplicaciones que señalamos en el punto 3 (arriba), es posible ver en 2 Ti. 3:15 un ejemplo que motiva a toda madre cristiana a enseñar las Escrituras a sus hijos. Esto puede ser una ilustración de Ef. 6:4: la forma como los padres crían a sus hijos bajo la instrucción de la Palabra de Dios. Incluso cuando uno de los padres es incrédulo —como era el caso del papá de Timoteo—, el padre o la madre creyentes tienen el privilegio y el deber de enseñar a sus hijos las Escrituras, mediante las cuales el Señor los puede salvar por medio de la fe en Cristo Jesús.

Un ejemplo de Apocalipsis

Apocalipsis 5:9 dice:

⁹y cantaban un nuevo cántico, diciendo: Digno eres de tomar el libro y de abrir sus sellos; porque tú fuiste inmolado, y con tu sangre nos has redimido para Dios, de todo linaje y lengua y pueblo y nación;

¿Cómo podemos aplicar este pasaje a nuestra vida en esta época?

1. Entiende la intención del autor original. El apóstol Juan escribió a las 7 iglesias de Asia para animarlos a ser fieles al Señor y disfrutar del gozo de saber que el Señor regresará para juzgar y reinar aquí en la tierra y por toda la eternidad. Estos cristianos estaban enfrentando diferentes desafíos, presentados en los capítulos 2 y 3.

2. Identifica las diferencias entre las audiencias. No todo cristiano en la actualidad enfrenta la misma situación que vivieron los cristianos de las 7 iglesias. Esas iglesias fueron iglesias reales, históricas, que existían en el momento en el que Juan escribía.

3. Identifica los principios teológicos. Los creyentes y ángeles en este texto estaban alabando al Señor Jesucristo resucitado. Él va a recuperar el dominio de esta creación y juzgar a los impíos. Él es el único que puede salvar a pecadores mediante su muerte y resurrección.

4. Asegúrate de que los principios son universales. Todo creyente terminará alabando al Señor por toda la eternidad junto con los ángeles en el cielo. Y esto solo es posible por lo que ha hecho en su vida, muerte y resurrección gloriosas, sin importar la nacionalidad de los creyentes. Nadie más que Él es juez de toda persona.

5. Filtra los principios a través de las epístolas del N. T. La clave para aplicar este pasaje a cristianos actuales como nosotros es entender que estamos representados por los veinticuatro ancianos de los vers. 8 y 9. Existen, por lo menos, cuatro razones primordiales. Uno, que están sentados en tronos; los ángeles nunca aparecen sentados en tronos. Dos, que están vestidos de ropas blancas; como en Ap. 7:13, 14, las ropas blancas simbolizan la rectitud del Señor Jesucristo, y de hecho, Ap. 5:8-10 los presenta alabando al Señor porque los redimió. Tres, que al final del v. 4 dice que tienen coronas de oro en sus cabezas; los ángeles nunca usan coronas en la Biblia, sino solo los hombres, y por eso creemos que representan a los vencedores que han recibido su recompensa (cp. 1 Jn. 5:4, 5). Como comentario adicional, debemos recordar que aquí Israel no ha sido salvada como nación, y que todavía no ha empezado la tribulación, que comienza en Ap. 6; además, las personas que Dios escogió para salvar en la tribulación todavía no son salvas. Y cuatro, que en los capítulos del 1 al 3 la palabra *iglesia* es usada varias veces en referencia a las siete iglesias, pero a partir del capítulo 4 no vuelve a ser usada en el resto de Apocalipsis. Esta observación, junto con las 3 anteriores, nos lleva a concluir que la iglesia será arrebatada antes de los siete años de la tribulación futura, que empiezan en el capítulo 6.

Conclusión

Los saduceos no creían en la resurrección. Y el martes de la semana de la pasión, intentaron avergonzar al Señor frente a la gente al presentarle una situación y una pregunta:

> [24]diciendo: Maestro, Moisés dijo: Si alguno muriere sin hijos, su hermano se casará con su mujer, y levantará descendencia a su hermano. [25]Hubo, pues, entre nosotros siete hermanos; el primero se casó, y murió; y no teniendo descendencia, dejó su mujer a su hermano. [26]De la misma manera también el segundo, y el tercero, hasta el séptimo. [27]Y después de todos murió también la mujer. [28]En la resurrección, pues, ¿de cuál de los siete será ella mujer, ya que todos la tuvieron? [29]Entonces respondiendo Jesús, les dijo: Erráis, ignorando las Escrituras y el poder de Dios.

En su intento por ridiculizar al Señor, Él los ridiculizó, exhibiendo su ignorancia. Debido a que ellos ignoraban las Escrituras, ignoraban que Dios tiene el poder para resucitar —lo cual ellos negaban—.

Aunque fue una situación histórica única, la respuesta del Señor nos recuerda que comprender correctamente las Escrituras es prioritario. ¿Qué tan prioritario? Determina lo que pensamos y lo que hacemos (cp. 2 Ti. 3:16, 17). Como vimos al principio de este manual, la hermenéutica de una persona la lleva a maneras de pensar y actuar que se alinean o se desvían de las Escrituras. Como dijo alguien (y lo vimos en detalle en los ejemplos de errores de interpretación), es la hermenéutica la que lleva a personas a terminar siendo carismáticos, católicos u otra cosa; si no entiendes ni aplicas una hermenéutica literal histórico-gramatical, como lo hicieron los escritores mismos de las Escrituras, errarás. Y ese error puede ir de lo más sutil, como una imprecisión doctrinal, a lo más serio, hasta el punto de torcer el evangelio y terminar bajo la condenación del Señor (cp. Gá. 1:8).

El escritor del Salmo 119 le dijo a Dios, en el versículo 14: "Me he gozado en el camino de tus testimonios más que de toda riqueza". Esta es la expresión de un creyente que ha estudiado y entendido las Escrituras, y se somete a ellas. Él comprende que entender y obedecer la Palabra de Dios vale mucho más que todo el dinero, lo que, por su parte, trae mayor placer a su vida que el dinero.

David dijo en el Salmo 19:10, hablando de las palabras de Dios: "Deseables son más que el oro, y más que mucho oro afinado" —es decir: oro de la calidad más alta—. Es mi oración que por la gracia del Señor, como cristiano, apliques lo que has aprendido en este manual para que puedas decir lo mismo que David y el escritor del Salmo 119:14: que valores y te deleites más en entender y obedecer las Escrituras que en toda riqueza.

Bibliografía

Archer, Gleason L. *A Survey of Old Testament Introduction*, ed. rev. Chicago: Moody Press, 2007.

Bar-Efrat, Shimon. "Some Observations on the Analysis of Structure in Biblical Narrative". *Vetus Testamentum* 30 (1980): 165.

Barrick, William D. & Busenitz, Irvin A. *Una gramática para hebreo b*íblico. Seminario Bíblico Palabra de Gracia. México, 2010.

Berkhof, Louis. *Teología sistemática*. Grand Rapids: Libros Desafío, 1995.

Bullinger, E. W. *Figures of Speech Used in the Bible: Explained and Illustrated*. New York: E. & J. B. Young & Co, 1968.

Carter, Terry G.; Duvall, J. Scott & Hays, J. Daniel. *Preaching God's Word: A Hands-on Approach to Preparing, Developing, and Delivering the Sermon*. Grand Rapids: Zondervan Publishing, 2005.

Chafer, Lewis S. *Teología sistemática*. Barcelona: CLIE, 2010.

Chou, Abner. *La hermenéutica de los escritores bíblicos: Los profetas y los apóstoles nos enseñan a interpretar las Escrituras*. Grand Rapids: Editorial Portavoz, 2019.

Collins, John J. "Introduction: Towards the Morphology of a Genre". *Semeia* 14 (1979): 1.

Contreras, Luis Miguel. *Manual de predicación expositiva: Recuerda lo que has aprendido*. Barcelona: CLIE, 2023.

Dana, H. E. & Mantey, Julius R. *A Manual Grammar of the Greek New Testament*. New York: MacMillian, 1955.

Danker, Frederick William (Ed.). *The Greek-English Lexicon of the New Testament and Other Early Christian Literature*. 3ra ed. (BDAG). Chicago: The University of Chicago Press, 2000.

Duffield, Guy P. & Van Cleave, Nathaniel M. *Fundamentos de teología pentecostal*. Segunda edición. Bogotá: Editorial Desafío, 2006.

Ellingworth, Paul. *The Epistle to the Hebrews: A Commentary on the Greek Text*. New International Greek Testament Commentary. Grand Rapids: Eerdmans Publishing, 1993.

Erickson, Millard J. *Teología sistemática*. Barcelona: CLIE, 2009.

Fee, Gordon D. & Stuart, Douglas. *How to Read the Bible for all it's Worth: A Guide to Understanding the Bible*. 2ª ed. Grand Rapids: Zondervan Publishing, 1993.

Gerstenberger, E. "Covenant and Commandment". *Journal of Biblical Literature* 84 (1965): 46.

Gesenius, Friederich & Gesenius, Wilhelm. *Gesenius' Hebrew Grammar*, ed. por E. Kautzsch & Sir Arthur Ernest Cowley, 2nd ed. Oxford: Clarendon Press, 1910.

Giese, Ronald L. Jr. "Strophic Hebrew Verse as Free Verse". *Journal for the Study of the Old Testament* 61 (1994): 29–38.

Grauman, Josiah. "Griego para pastores: Una gramática introductoria". Seminario Bíblico Palabra de Gracia, Mexico, 2007.

Grudem, Wayne. "Right and Wrong Interpretation of the Bible: Some Suggestions for Pastors and Bible Teachers". En *Preach the Word: Essays on Expository Preaching in Honor of R. Kent Hughes*, Leland Ryken & Todd A. Wilson (Ed.). Wheaton: Crossway Books, 2007.

———. *Teología sistemática*. Nashville: Editorial Vida, 2009.

Hamilton, Victor P. *The Book of Genesis: Chapters 18–50*. New International Commentary on the Old Testament. Grand Rapids: Eerdmans Publishing, 1995.

Hanna, Robert. *A Grammatical Aid to the Greek New Testament*. Grand Rapids: Baker Books, 1983.

Harrison, Everret F. *Introduction to the New Testament*, ed. rev. Grand Rapids: Eerdmans Publishing, 1971.

Houston, Walter. "What Did the Prophets Think They Were Doing? Speech Acts and Prophetic Discourse in the Old Testament". *Biblical Interpretation* 1 (1993): 167.

Hurowitz, V. "The Priestly Account of Building the Tabernacle". *Journal of the American Oriental Society* 105 (1985): 21–30.

Kaiser, Walter C. Jr. *Toward an Exegetical Theology: Biblical Exegesis for Preaching and Teaching.* Grand Rapids: Baker Books, 1981.

———. *Preaching and Teaching from the Old Testament: A Guide for the Church.* Grand Rapids: Baker Academic, 2003.

Keil, Carl F. & Delitzsch, Franz. *Commentary on the Old Testament.* Peabody, MA: Hendrickson Publishers, 1996.

Kittel, Gerhard & Friedrich, Gerhard (Eds.). *Theological Dictionary of the New Testament*, trad. y resumen de G. W. Bromiley. Grand Rapids: Eerdmans Publishing, 1985.

Knight, George W. *The Pastoral Epistles: A Commentary on the Greek Text.* Carlisle, England: WB Eerdmans, 1992. Versión electrónica en LOGOS.

Longman, Tremper III. "Form Criticism, Recent Developments in Genre Theory, and the Evangelical". *Westminster Theological Journal* 47 (1985): 46–67.

MacArthur, John. *La Biblia de Estudio MacArthur.* Grand Rapids, Michigan: Editorial Portavoz, 2004.

——— & la Facultad de The Master's Seminary. *La predicación: Cómo predicar bíblicamente.* Nashville: Grupo Nelson, 2009.

——— & Mayhue, Richard. *Teología sistemática: Un estudio profundo de la doctrina bíblica.* Grand Rapids: Portavoz, 2018.

Mathews, Kenneth A. *Genesis 11:27–50:26*, NAC 1B. Nashville: Broadman & Holman Publishers, 2005.

Mayhue, Richard. *Cómo interpretar la Biblia uno mismo.* Grand Rapids: Editorial Portavoz, 1994.

Mounce, William D. *Basics of Biblical Greek: Grammar.* 2ª ed. Grand Rapids: Zondervan Publishing, 2003.

Osborne, Grant. "Genre Criticism—Sensus Literalis". *Trinity Journal* 4, n. 2 (Fall 1983): 9–16.

———. *The Hermeneutical Spiral.* Downers Grove, IL: InterVarsity Press, 2006.

Packer, J. I. & Tenney, Merrill C. (Eds.). *Illustrated Manners and Customs of the Bible.* Nashville: Thomas Nelson Publishers, 1997.

Patrick, D. "Casuistic Law Governing Primary Rights and Duties". *Journal of Biblical Literature* 92 (1973): 180–181.

Pierce, R. W. "Covenant Conditionality and a Future for Israel". *Journal of the Evangelical Theological Society* 37 (1994): 27–38.

Putnam, Frederic Clarke. *Clave Putnam. La Biblia hebrea: Guía estudiantil: La sintaxis del hebreo bíblico.* Bellingham: LOGOS Research Systems, 2002.

Ramm, Bernard. *Protestant Biblical Interpretation.* Grand Rapids: Baker, 1970.

Robertson, A. T. *Word Pictures in the New Testament.* 6 vols. Nashville: Broadman Press, 1931.

Sandy, D. Brent & Giese, Ronald L. Jr. (Eds.). *Cracking Old Testament Codes: A Guide to Interpreting the Literary Genres of the Old Testament.* Nashville: Broadman & Holman, 1995.

Stein, R. H. "Is Our Reading the Bible the Same as the Original Audience's Hearing It?". *Journal of the Evangelical Theological Society* 46, 2003.

Strickland, Wayne G. (Ed.). *The Law, the Gospel, and the Modern Christian: Five Views.* Grand Rapids: Zondervan Publishing, 1993.

Thomas, Robert L. *Evangelical Hermeneutics: The New Versus the Old.* Grand Rapids: Kregel Publications, 2002.

——— (Ed.). *New American Standard Exhaustive Concordance of the Bible.* Nashville: A. J. Holman, 1981.

Torrey, R. A. *The Treasury of Scripture Knowledge.* Nashville: Thomas Nelson Publishers, 2002. Disponible también en LOGOS en español.

Tucker, G. M. "Covenant Forms and Contract Forms". *Vetus Testamentum* 15 (1965): 500.

Vine, W. E.; Unger, Merrill F. & White, William. *An Expository Dictionary of Biblical Words.* Nashville: Thomas Nelson Publishers, 1984.

Von Rad, Gerhard. *Genesis.* Traducido por John H. Marks. Old Testament Library Philadelphia: Westminster Press, 1961.

Wallace, Daniel B. *Greek Grammar Beyond the Basics: Exegetical Syntax of the New Testament.* Grand Rapids: Zondervan Publishing, 1999.

Waltke, Bruce K. & O'Connor, M. *An Introduction to Biblical Hebrew Syntax.* Winona Lake, IN: Eisenbraun, 1990.

Walvoord, John F. & Zuck, Roy B. (Eds.). *The Bible Knowledge Commentary: An Exposition of the Scriptures.* Wheaton: Victor Books, 1985.

Wenham, Gordon J. *Genesis 16–50*. Word Biblical Commentary 2. Waco, TX: Word Books, 1994.

Westermann, Claus. *Genesis 12–36: A Commentary*. Traducido por John J. Scullion. Minneapolis: Augsburg Publishing House, 1985.

Zuck, Roy B. "The Role of the Holy Spirit in Hermeneutics". *BSac* 141 (1984): 120–30.

DESCARGA
GRATUITA

Editorial **CLIE**

Como muestra
de gratitud por su compra,

visite www.clie.es/regalos
y descargue gratis:

*"Los 7 nuevos descubrimientos sobre
Jesús que nadie te ha contado"*

Código:

DESCU24